中华古村落

山西卷

顾问 陈志华
主编 李秋香 李玉祥
李秋香 张力智 著

江蘇鳳凰教育出版社
Phoenix Education Publishing, Ltd

顾　问

陈志华

主　编

李秋香

李玉祥

编　委（按照姓氏笔画排序）

王瑞书

李玉祥

李秋香

吴　宁

吴正光

陆　琦

陈志华

周　晨

顾华明

戴志坚

主摄影

李玉祥

总序

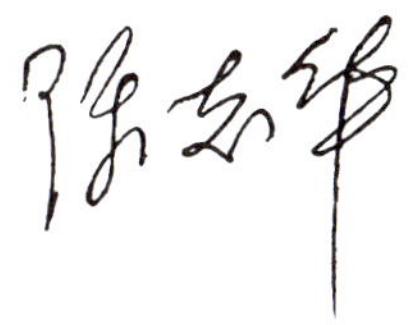

中国有着非常漫长的自然农业历史，传统的中华文明，基本上是农业文明。农业文明的基础是乡村的社会生活。在广阔的乡土社会里，以农民为主，加上小手工业者、小商贩、在乡知识分子和少数退休还乡的官吏，一起创造了像海洋般深厚瑰丽的乡土文化。比起庙堂文化、士大夫文化和市井文化来，乡土文化是绝大多数人创造的文化，为绝大多数人服务。乡土文化依赖于土地，是一种地域性文化。它不像庙堂文化、士大夫文化和市井文化那样有强烈的趋同性，它千变万化，更丰富多彩，是中华民族文化遗产中还没有被充分开发的宝藏。没有乡土文化的中国文化史是残缺不全的，不研究乡土文化就不能真正了解我们这个民族。

乡土建筑是乡土生活的舞台和物质环境，它是乡土文化最普遍存在的、信息含量最大的组成部分。它的综合度最高，紧密联系着许多其他乡土文化要素，甚或是它们的重要载体。不研究乡土建筑就不能完整地认识乡土文化，甚至可以说，乡土建筑研究是乡土文化系统研究的基础。

乡土建筑当然也是中国传统建筑最朴实、最率真、最生活化、最富有人情味的一部分，不仅有很高的历史文化价值，对建筑工作者来说，还可能有一些直接的借鉴价值。没有乡土建筑的中国建筑史是残缺不全的。

在一个漫长的历史时期，中国的经济、文化中心在农村。农村里建筑品类之多样胜过一般的城市，连书院、藏书楼、寺庙也大多在农村，更不必提路亭、磨坊、水碓房、畜舍之类了。雕梁画栋、琐窗朱户也并不次于城里。但是今天，乡土建筑优秀遗产的价值还远远没有被正确而充分地认识。一个物种的灭绝是巨大的损失，一种文化的灭绝岂不是更大的损失？大熊猫、金丝猴的保护已经是全人类关注的大事，我们的乡土建筑却正在以极快的速度、极大的规模被破坏着，我们正无可奈何地失去它们。

我们无力回天，但我们决心用全部的精力立即抢救性地做些乡土建筑的研究工作。

我们的乡土建筑研究从聚落着手。这是因为，绝大多数的乡民生活在特定的封建宗法制的社区中，所以，乡土建筑的基本存在方式是形成聚落。作为与乡民们社会生活的各个侧面相对应的物质条件，聚落中的乡土建筑包含着许多种类：有居住建筑，有礼制建筑，有寺庙建筑，有商业建筑，有公益建筑，也有文教建筑，等等；当然更有农业、手工业所必需的建筑，例如磨坊、水碓房、染坊、畜舍、粮仓之类。几乎每一类建筑都构成一个或大或小的系统。例如宗庙，有总祠、房祠、支祠、香火堂和祖屋；例如文教建筑，有家塾、义塾、书院、文昌（奎星）阁、文峰塔、进士牌楼、功名桅杆、戏台；生产性建筑则有陶瓷窑、抄纸作坊、竹木店、染坊、铁匠铺、油坊等等。这些建筑系统在聚落中形成一个有机的大系统，这个大系统规定着聚落的结构，使它成为功能完备的整体，满足一定社会历史条件下乡民们物质的和精神的生活需求，以及社会的制度性需求。打个比方，聚落好像物质的分子，分子是具备了某种物质的全部性质的最小的单元，聚落就是乡土社会的这种最小单元。我们以完整的聚落作为研究乡土建筑的对象。这个研究目标本身规定了研究的基本方法，即以田野调查为主，结合文献考察。

乡土生活赋予乡土建筑丰富的文化内涵，我们力求把乡土建筑与乡土生活联系起来研究，因此便是把乡土建筑当作乡土文化的基本部分来研究。聚落的建筑大系统是一个有机整体，我们力求把研究的重点放在聚落的整体上，放在各种建筑与整体的关系及它们之间的相互关系上，放在聚落整体及它们的各个部分与自然环境和历史环境的关系上。乡土文化不是孤立的，它参与形成庙堂文化、士大夫文化、市井文化的共同基础，和它们都有千丝万缕的关系。乡土生活不是完全封闭的，它与一个历史时代整个社会的各个生活领域也有千丝万缕的关系。我们力求在这些关系中研究乡土建筑。例如，明代初年“九边”的乡土建筑随军事形势的张弛而变化，明代末年江南和晋中的乡土建筑随着商品经济的发展而有很大的变化等等。聚落是在比较长的时期里定型的，这个发展过程蕴含着丰富的历史文化内容，我们也希望有足够的资料可以让我们对聚落做动态的研究。总之，我们的研究方法综合了建筑学、历史学、民俗学、社会学、文化人类学的各种方法。方法的综合性是由乡土社会和建筑固有的复杂性与外部联系的多方位性决定的。

因为我们的研究是抢救性的，所以我们不选已经名闻天下的聚落作为研究课题，而去发掘一些默默无闻但很有历史价值的聚落。这样的选题很难，要求聚落要发育得成熟一些，建筑类型比较完全，建筑质量好，有家谱、碑铭之类的文献资料。当然聚落最好还保存得相当完整，老的没有太大的损坏，新的又没有太多的增加。从系列化的研究来说，更希望聚落在各个层次上都有类型性的变化：有纯农业村，有手工业村，有从农业向商业、手工业转化的村；有窑洞村，有雕梁画栋的村；有山头村，有河边村；有马头墙参差的，也有吊脚楼错落的；还有不同地区、不同民族的；等等。这样才能一步步接近中国乡土建筑的全貌，虽然这个路程非常漫长。选题的时候，要区分各个层次上的类别和性质。我们使用了细致的比较法，就是要找出各个聚落的特征性因子，这些因子相互之间要有可比性，要在聚落内部有特殊性，要在类型之间或类型内部有普遍性。我们不仅尽可能选取不同的角度和重点，还力求写出每个聚落的特殊性，而不是去把它纳入一般化的模子里。只有写出每个题材的特殊性，才能多少写出一点点中国乡土建筑的丰富性和多样性。所以，挖掘题材的特殊性，是我们着手研究的切入点，必须下比较大的功夫。类型性和个体性的挖掘，也都要靠细致运用比较的方法。

虽然我们只能从汪洋大海中取得一勺水，但这勺水毕竟带着海洋的全部滋味。希望我们的书能够引起读者们对乡土建筑的兴趣，有更多的人乐于来研究它们，进而能有选择地保护其中最有价值的一部分，使它们免于被彻底毁灭。

2013 年夏日

目录

概述

一、山西地理位置和历史发展

山西是我国北方的内陆省份，位于黄土高原的东缘，太行山以西，故而得名山西。山西省境四周为山河环绕，地理形势相对封闭，总面积15.67万平方千米。顾祖禹在《读史方舆纪要·序》中描述山西的地理特征时说："山西之形势，最为完固……其东则太行为之屏障，其西则大河为之襟带。于北则大漠、阴山为之外蔽，而勾注、雁门为之内险。于南则首阳、底柱、析城、王屋诸山，滨河而错峙，又南则孟津、潼关皆吾门户也。汾、浍萦流于右，漳、沁包络于左，则原隰可以灌注，漕粟可以转输矣。且夫越临晋，溯龙门，则泾、渭之间，可折而下也。出天井，下壶关、邯郸、井陉而东，不可以惟吾所向乎？是故天下之形势，必有取于山西也。"可见山西四面有天然而明确的自然边界，退有天险可守，进可东出壶关或井陉入华北，西渡黄河抵达关中。晋文公据此以称霸中原，元魏、李唐两大王朝也均龙兴于此，地理形势赋予山西重要的战略意义。

山西全省多被黄土覆盖，地形起伏较大；加之全省南北跨度大，省内各个区域地理气候条件差异很大。大略而言，山西东部有恒山、五台山、太行山，故而地形以山区为主，西部多为黄土高原，杂以吕梁山等山地。山西中部多为河谷平原，尤以汾河贯穿晋中、晋南，形成了全省最大的太原盆地与临汾盆地，两个盆地也是全省最

太行山板山

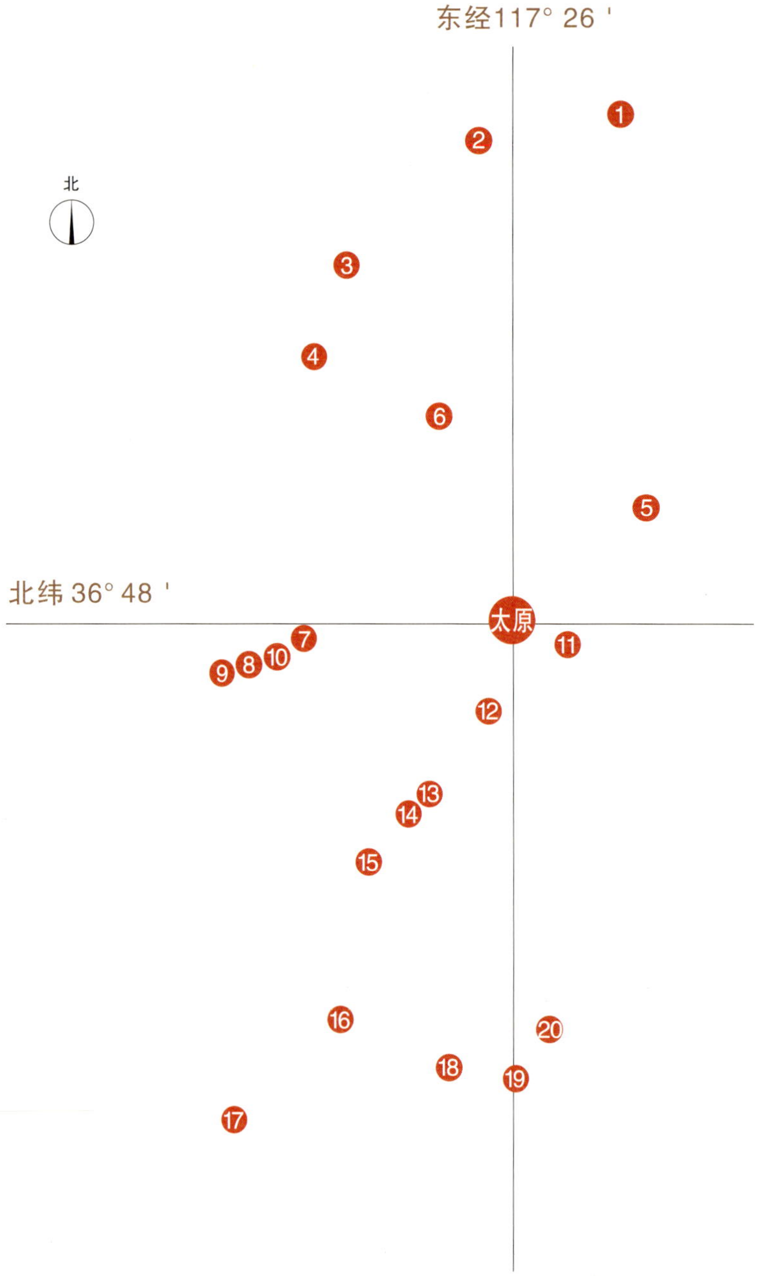

⊙本书所收录山西省古村落分布示意图

① 大同市新荣区堡子湾乡得胜堡村
② 朔州市右玉县右卫镇杀虎口村
③ 忻州市偏关县老牛湾镇老牛湾村
④ 忻州市河曲县旧县镇旧县村
⑤ 阳泉市盂县梁家寨乡大汖村
⑥ 忻州市宁武县涔山乡王化沟村
⑦ 吕梁市方山县峪口镇张家塔村
⑧ 吕梁市临县碛口镇
⑨ 吕梁市临县碛口镇李家山村
⑩ 吕梁市临县招贤镇小塔则村
⑪ 晋中市榆次区东赵乡后沟村
⑫ 晋中市祁县贾令镇谷恋村
⑬ 晋中市介休市龙凤镇张壁村
⑭ 晋中市灵石县静升镇静升村王家大院
⑮ 临汾市汾西县僧念镇师家沟村
⑯ 临汾市襄汾县新城镇丁村
⑰ 运城市万荣县高村乡闫景村
⑱ 晋城市沁水县土沃乡西文兴村
⑲ 晋城市阳城县北留镇郭峪村
⑳ 晋城市高平市原村乡良户村

黄土高原断层

为富裕、人口最为稠密的地方。

山西是中华文明的发祥地之一，全省有大量史前人类遗迹，传说中尧舜禹均定都于此。但是这里地处高原，丘陵山脉连绵，又时常受到北方游牧民族的冲击，所以在漫长的封建时代，山西始终没有发展为中华文明的中心。它周围的河谷平原，却孕育出了一个又一个宏伟的都城——古有长安、洛阳、邺城、开封，今有北京。山西的历史，就是一部“处于都城旁边”的历史。

处于都城旁边，首要的任务自然是拱卫京师。山西地处中原农业文明与草原游牧文明之间的交界区，在北方游牧民族的持续压力下，山西始终是中原王朝的北方屏障：西晋以河东（今临汾、运城）守卫长安、洛阳，北宋在忻州、雁门关与辽国交战，明代则以大同防御蒙古。游牧民族若是突破了山西的防御，中原王朝的都城也便岌岌可危。另一方面，山西也是中原农耕文明与草原游牧文明交往的重要管道，赵武灵王在这里胡服骑射，北魏孝文帝在这里开始汉化，繁荣的茶马贸易更是催生出了明清两代富甲天下的山西商人。南北两种文明既在这里厮杀，又在这里交融。这里既有内外两道长城，又有络绎不绝的商队。山西是整个中原文明的北方门户。

始终不是都城，却被历代都城包围，这种局面也使得山西各个区域的经济、文化深深地受到周边省份中心城市的影响——晋南偏向关中，晋东南偏向河洛，晋北偏向塞外。

晋南古称河东，包括今天的运城、临汾两

汾河（娄烦县境内）

盐湖

市，其地历史悠久，靠近古都长安，历来被视为关中的肱股。晋南的汾河河谷、涑水河河谷与关中的渭河河谷彼此连成一线，来往交通方便，一马平川。宋代之前“河东士族”一直被认为是“关中士族”的一部分，两地始终具有较高的文化认同，河东方言也与关洛官话相近，故而晋南民居风格多受关中影响。在经济方面，运城解州有盐湖之利，是全国少有的内陆产盐地，当地的盐业专卖也是历代王朝的摇钱树，先秦时期的河东就已是商贾聚集的地方了。所以在宋代之前，晋南一直是山西全省经济、文化最为发达的地方。其后江南日渐兴起，关中地位日渐降低，晋南的光芒也随之渐渐黯淡，但直到明代，这里依然是山西经济最为活跃的地方之一。明初不断用兵塞外，政府实行开中法，以盐引鼓励商人运粮支边。解州盐池是距离边关最近的产盐地，晋南商人自然得地利之便，迅速崛起。然而明末弘治年间停用开中法后，解州盐池产量也已远远不及江淮，其商业优势也逐渐被江南所压制。

晋东南包括今天的长治和晋城地区。这里与古都洛阳、邺城和开封相近，又有丰富的煤炭和铁矿资源，自古有“得上党而望中原”之说，是重要的战略要冲，历代征战不断。唐代之后，江南经济的兴起、运河的开凿促进了洛阳和开封的繁荣，极大地带动了晋东南的发展。此后，江南—开封—大同成为一条重要的南北商道。通过这条道路，明代江南的粮食源源不断地运往北方前线，清代江南的丝织品、茶叶源源不断地运往俄罗斯和欧洲，晋东南也因南北转运贸易而快速发展。文化方面，晋东南是河洛文化圈的一部分，宋代洛学领军人物程颢曾任晋城县令三年，洛学由此对晋城、上党学术文化产生了深远的影响。明清晋商兴起，鄙薄科举，但晋东南学术文化却一直不废，其中可见河洛文化的影响深远。

晋北包括今天的大同、朔州、忻州地区，这里是农耕与游牧的自然分界线，是历代中原王朝抵御北方游牧民族入侵的前线，但又因为中原王朝一直有“借胡御胡”的策略，所以雁北自东汉

雁门关

山阴广武长城

起就是北方游牧民族的定居之处，其自然、文化环境都与塞外十分类似。

晋中地区包括今天的太原、阳泉、晋中三市。太原盆地是山西全省最大的一片平原，也是省内各条道路交会之处，自古就有重要的政治、军事和商业意义。但由于历史上的山西被众多古都环绕，晋南、晋东南和晋北长期外向发展，处于山西中央的晋中反倒常被冷落，直到长安、洛阳、汴梁、邺城这些古都全都衰落，太原的政治优势方才凸显。清代满蒙和亲，中蒙、中俄贸易快速发展，晋中地区才因其便捷的交通，在跨国贸易与票号业务中占得先机。晋中的平遥、太谷、灵石商人也后来居上，一跃成为山西商人的代表。

晋西地区泛指山西西部的黄土高原，这里地形以山地、丘陵为主，黄土覆盖地表，沟壑纵横，耕地极为狭小贫瘠。加之黄河斩断了晋西与陕北交通，陕北历史上又常被少数民族占据，商业往来不便，故而晋西历来都是经济、文化相对落后的区域，那里独特的地形地貌孕育出了独特的窑洞建筑。

总的来看，由于山西一直“处于古都之侧”，各区域发展常受外省的中心城市影响，晋南与关中一衣带水，晋东南则与河洛、开封唇齿

平遥城墙

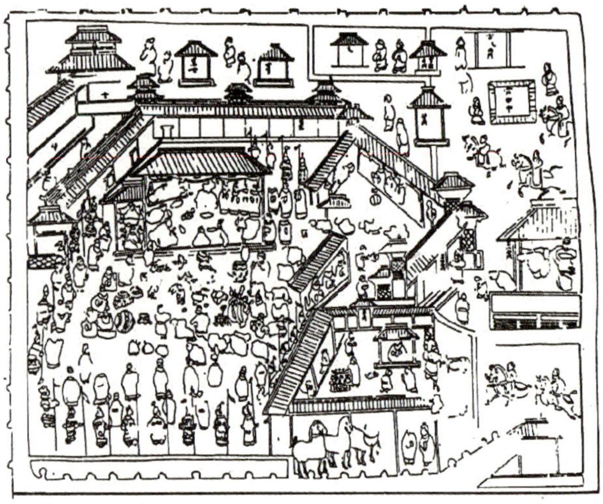

内蒙古和林格尔汉墓壁画《宁城图》（摹本）

相依，晋北则与塞外同气连枝。当国家经济文化中心由关中、河洛转移至开封直至江南的时候，山西的经济文化中心也随之转移——由晋南转移至晋东南直至晋中。

二、山西古村落的形态

山西独特的历史背景塑造了山西独特的村落形态。

山西是中国最早出现密集村落的地区之一。从先秦至秦汉，百姓的居所逐渐突破了城市（堡、寨、坞）的局限，乡野之间出现了大大小小的聚落，“城居”逐渐向“村居”转变。山西是较早完成这一转变的省份之一，北朝时晋南村落就已相当密集。《魏书·杨侃传》记载北魏末年将领杨侃命令河东投降的村落在夜里举烽火之事，威压之下，“一宿之间，火光遍数百里内”。与此类似，北周与北齐在晋南征战之时，北周将领韦宽命令“汾水以南，傍介山、稷山诸村，所在纵火”，北齐军队远观竟以为是北周连营接垒的驻军，足见其地村落的密集。隋代杨玄感起兵围攻洛阳，炀帝诏令“近代战争，居人散逸，田畴无伍，郛郭不修，遂使游惰实繁，寇攘未息。今天下平一，海内晏如，宜令人悉城居，田随近给”。这便是命令洛阳周边地区散居村落合并，建立集中定居点并修筑寨墙。可以想象，

王家大院

团堡式布局的王家大院

太谷曹家大院三多堂

这种居住形态已与今天晋南河谷地带的村落有些类似了。相比之下，那时中国南方的乡野多还是山水诗中的一派天然。

由于战乱原因，山西平原村落常呈现团堡式的布局。山西在地理位置上靠近历代京师，政府对山西的控制直接有效，这里的村落常受官方干预，上面引述的例子都可为证。村落外部常在军事威压之下，村落内部也容易形成军事化的社会结构，山西河谷平原地带的村落因此常常呈现出兵营一样的团堡式的布局。这种聚落外有寨墙或堡墙围绕，大体坐北朝南，内部街道横平竖直，呈“丁”字或“十”字形，街道两侧也是清一色的高墙，墙里的建筑也都坐北朝南，多为四合院或三合院式，对外很少开窗，有“里坊制”的军事色彩。襄汾丁村、孝义宋家庄以及平遥、太谷周边的商人大院，包括晋北大量军事屯堡都是如此。这些村落大都分布在平原地带，有的是军队堡寨，有的是官宦堡寨，有的是富商堡寨，有的只是普通村落只在防御流寇时才修起的寨墙，但它们形制大体相仿。相比之下，山区中的村落受到自然地势所限，形制也更为多样。

特殊的历史背景导致山西村落以杂姓为主。由于长期战乱，加上政府对村落的直接干预以及商业的发展，使得山西的宗族组织并不十分发达，基层社会中没有形成强势的宗族组织。战乱和政府干预这两个原因前面已经提到了，这里不再赘述。明清时期晋商的商业经营也对儒家宗法制度产生了瓦解作用。晋商出外生意，往往以地域认同为主，非本乡人不用，对同宗却没有什么优待。一些重要职位甚至必须要用有才能的外姓人，以避免血缘关系影响商业经营。晋商对儒家礼法多采取实用主义态度，他们一面鄙夷科举熙攘逐利，一面又在故乡建造各种大院以实现累世同堂的大家庭幻想。所以同是经商，晋商也很少像徽商那样获得“儒商”的称号。在此背景下山西村落中的宗祠数量较少、规模较小，地

运城关帝庙

山西地坑土窑

山西盂县大汖村

王家大院的砖墙和砖门

⊙ 晋西南双层民居中开敞的二层空间

⊙ 山西大同李怀角30号正房的巨大窗户

位也不是非常重要。取代宗族组织的是村落中“社”“会”组织，它们以庙宇为依托，定期集会解决公共事务，庙宇也就成了村落的公共活动中心。

三、山西多样的建筑形式

山西各地自然资源不同，建筑材料和建筑形式也十分多样。山西全省山地丘陵密布，只在河谷地带有一些平原，总面积不足全省面积的20%。平原及其周边地区经济发达，大量团堡式村落罗布其间，建筑以砖木结构为主。相比之下，山区中的建筑更为多样。山西西北部山区广布黄土，水土流失严重，明清时期森林资源就已非常匮乏，故而当地居民常掘土为穴，那里也是窑洞集中分布的区域；山西东部山区地属太行山脉，岩石裸露，石材较易获得，那里也就有更多的石头房子、石头窑洞和石头村落；山西中南部的太岳山和太行山南麓植被覆盖依然较好，木材资源较多，建筑中的木构架也就更多些。地下的煤炭资源同样会影响建筑的建造，山西煤矿主要分布在北部的大同、宁武、保德和中东南部的太岳山脉一带。依赖丰富的煤炭资源，这些地区砖瓦产量大、质量高，砖房也就更多一些。所以大略而言，晋西、晋北山区土窑洞更多，晋东山区石房子更多，晋中、晋南、晋东南山区砖瓦、木材更易获得，那里的经济也更为发达，多建造砖木结构的房子。

大自然为山西各地提供了各种不同的建筑材料，人们为了适应多样的气候条件，又创造出了多样的建筑形式。山西气候条件复杂，但大略而言，全省干旱，四季分明，夏季日照足，冬季干冷少雪，春天则风沙较多，一天中昼夜温差较大。当然，各个地区的气候条件也不尽相同：越是往北，气候越干旱、越寒冷，风沙也就越大；海拔越高，降雨也多些，但也更加寒冷。为适应这里巨大的年温差和日温差，山西各地建造了大量的窑洞，有土的地方修土窑，砖多的地方修砖窑，石头多的地方修石窑。窑洞墙厚，热惰性大，配上火炕，冬暖夏凉。在晋南地区，由于夏季炎热，民居建筑多建为二层，一层住人，二层储物，二层低矮并开小窗，可使热空气快速上升并排出室外，保持一层居住空间的凉爽。相比之下，晋北地区本就凉爽，居住建筑也以一层居多，并在南向大面积开窗争取日照。晋东南地区的气候条件又与前两个地区不一样，夏季固然炎热，但降雨量更大，水分向上蒸发，郁积于室内或进入墙体，导致建筑内部十分潮湿。所以这

⊙ 方山张家塔村的接口窑子

⊙ 山西盂县大汖村

里的民居就更高一些，二层层高高，开大窗，外建阳台，装饰精美，夏天如果一层过于潮湿，人们就到二层去住。而且由于这里降雨充沛，建筑便多为双坡，屋顶坡度较大，且正房、厢房常做前檐廊以供人避雨。相比之下，在晋北地区，降雨、降雪很少，风沙却非常大，因此晋北多修建平顶房，或是坡度较小的一出水（单坡）瓦房，既可抵御风沙破坏，秋收的时候又可以在房顶晾晒粮食。

自然条件之外，人口迁徙促进了各地建筑技术和建筑形式的发展。汉、匈奴、鲜卑、契丹、女真、蒙古又先后入主山西，南北民族频繁交流对山西民居建筑的发展产生了巨大影响。木构建造技术自不必说，山西唐代已有佛光寺，辽代已有应县木塔这样的杰作。金兵攻克汴梁之后，又将大量中原工匠掳至山西，使得山西在木材资源匮乏的现实下，建造了大量的高水平木构建筑，至今依然保留了较高水平的木构建造技艺。在晋西和晋北，窑洞建造历史悠久。宋代洪皓出使金国，路过云中（今大同）地区时曾见“穴居百家”，其后女真、蒙古人频繁南侵，“穴居”也逐渐不局限于晋北，成为山西各地常见的建筑形式之一。晋中、晋南和晋东南的砖石营造历史悠久，晋南地区大量金代砖墓，用青砖模仿木构建筑的形态，惟妙惟肖，极其精美。但长期以来人们认为砖石性阴，只适合建造墓葬和坛庙，不宜建造阳宅。直到元代西域色目贵族大量进入中原，偏好砖石建筑的他们起了移风易俗的作用，此后建造砖房不但成为风尚，拱券技术也广泛普及。山西在这场技术变革中遥遥领先，从晋南到晋北，砖拱券随处可见，晋南、晋东南地区高达四五层的砖构望楼更是比比皆是。从技术含量上看，这些砖石建筑远远高于中国南方那些不承重的，仅仅用作封火墙的砖墙。

多种的建筑技术和建筑形式互相结合，弥补了各自的不足。举例而言，山西生土资源丰富，易于挖掘窑洞，但窑洞结构稳定性不好，尤其怕雨水侵蚀。故而较为讲究的窑洞会在外面包砖，用砖砌拱券增加洞口结构强度，称“接口窑子”。在雨水更大的地区，还会在洞口前加装木构披檐，一方面遮挡雨水、保护洞口结构，另一方面也可增加室内外过渡空间，改善窑洞封闭的空间环境。这样的例子在山西不胜枚举，我们后面还会看到很多。

人口的持续增加同样促进了山西建筑形式的发展。山西中南部人口密集，是中国历史上重要的人口迁出地之一。明清时期，得益于砖木建造技术的成熟，晋中、晋南和晋东南的建筑开始向多层发展。不过二层地板很难架设火炕，建筑

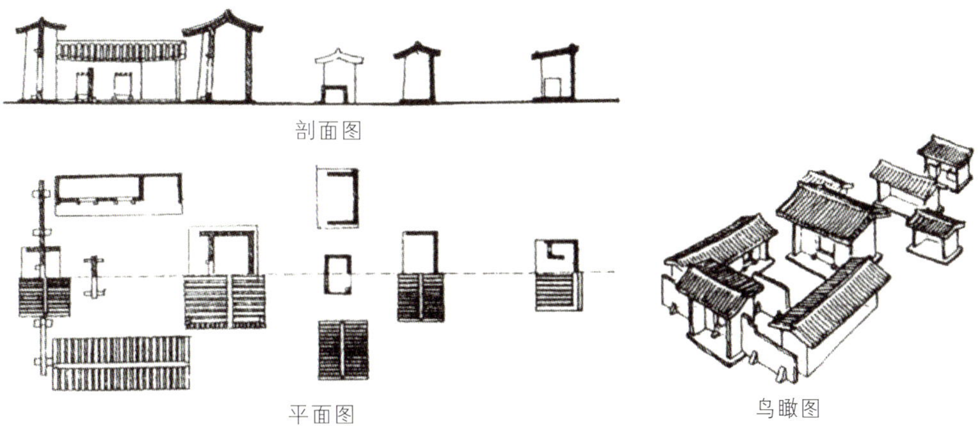

唐代王休泰墓中的明器住宅院落示意图

高度的增加并不能显著提高居住效率。于是在晋中、晋南这些较为富庶、砖瓦产量又高的地方，部分建筑的一层改用砖制拱券承重，以此承托二层火炕的重量，充分发挥了各种建筑材料的优势，提高了建筑的居住密度。

四、山西民居几种常见的院落布局

中国古代常有累世同堂、合族而居的理想，在经济文化相对发达的地区，建筑仅仅满足居住的要求显然是不够的，通过院落组合以适应封建礼法，满足家族生活的伦理要求同样十分重要。在山西较为发达的平原地区，民居以三合院、四合院为主。陕西西安中堡唐墓（距晋南不远处）出土的明器住宅与山西长治唐代王休泰墓出土的明器住宅已比较明确地体现出了合院式建筑的特征。这些明器建筑有明确的“前堂后室”，大门位于建筑中轴线上，门内还有影壁，是明清山西民居的雏形。

明清山西民居的平面布局具有中国北方合院的一般特点。院落一般坐北朝南，北为正房，东西两侧为厢房，（四合院中）南侧为倒座房。院落中正房最高，厢房其次，倒座房与厢房等高或略低。若有前后多进院落，前院正房为过厅，一层彻上露明，后院正房会比前面的过厅更高一些，也是整个院落的制高点，故而常被做成二层或三层的楼房。高大的北侧正房是这些院落绝对的核心，院落常称作“扶主房”，三合院就被叫作“簸箕院”。唐代王休泰墓明器住宅的入口设于院落的正前方，厕所设于正房背后，这可能是宋代之前常见的布局。宋代之后易学兴起，大门往往开在院落的东南角，厕所则设于院落的西南角。比较讲究的院落中还建有垂花门样式的“二门”或“仪门”。二门依然在整个建筑的中轴线上，内部常有影壁或屏门，使视线不至通透，以区分内外，这在王休泰墓明器住宅中也是有所体现的。

在这些一般特点之下，山西民居院落大体可分为“三三制”院落、“四大八小”式院落、窄四合院、地坑院以及叠落式窑院几种类型。

1.“三三制”院落

“三三制”院落是一种最基本的合院形制，意指院落正房、厢房和倒座房（如果有的话）都为三开间。前述西安中堡村唐墓及长治唐代王休泰墓出土的明器住宅就都是“三三制”院落的早期形式。这种院落形制简单而古老，广泛出现在山西各地，尤以晋中、晋南和晋北为多。

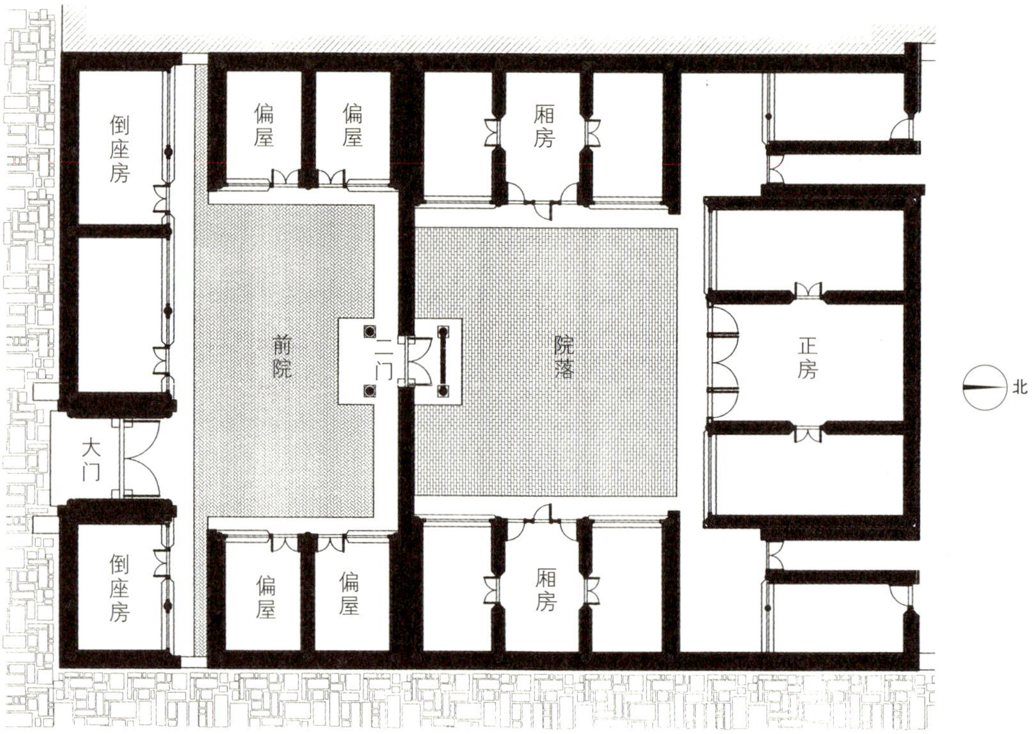

“三三制”院落典型平面示意图

晋北地区人口稀少，且被契丹、女真和蒙古等少数民族长期统治，文化发展缓慢，故而那里的“三三制”院落仍隐约保存了唐代的“古意”。其建筑多为一层，院落宽阔，入口常设于正南，整体布局对称开敞，与唐代明器建筑最像。

“三三制”院落在晋南最为集中。晋南的明代院落，正房、厢房和倒座房往往彼此独立，它们的外墙墙体常不在一条轴线上，只有在建筑外侧环绕围墙，才将这些建筑整合为方形平面，这种布局方式与西安中堡村唐墓明器住宅是相当类似的（晋南文化一直与关中相近）。当然，与晋北相比，晋南人口密度较大，故而院落也要小一些，且常建二层建筑以便于储藏杂物。但“三三制”院落中正房、厢房和倒座房联系部位还是“浪费”了一些空间，若是将这些空间建上耳房，就成了“四大八小”式四合院；若是调整单体建筑的位置，使其厢房后墙与正房山墙对齐，就形成了窄四合院。这些院落形制都以“三三制”院落为基础，做出适当的调整以更充分地利用空间。

2.“四大八小”式院落

“四大八小”式四合院一般分布在晋东南以及晋北地区。这种四合院的每一面都由一个大的正房（通常是三间）和两个小耳房（每个一间）组成，总共就是四个大正房和八个小耳房，简称“四大八小”。与普通“三三制”四合院相比，这种四合院的特点在于它的四角处多了八个小耳房，这些位置通常设置入口、楼梯等辅助性的功能设施。由于院落的每一面都有耳房，天井也显得格外宽敞，在晋北也被称作“阔院式民居”，与晋中那些狭长的窄四合院形成鲜明对比。

“四大八小”式四合院由四个“一正两挟”（耳房早期称挟屋）式建筑组成。这种“一正两挟”式建筑在中国南方地区历史更为悠久，汉代明器中就有体现，但在唐代之前的长安与敦煌地区则不多见。从结构上看，南方的穿斗构架

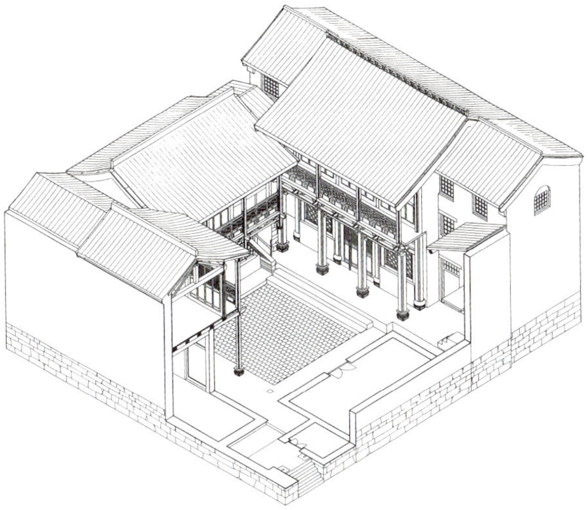

⊙ 郭峪村“四大八小”式院落住宅剖轴测图

⊙ 张壁村张家窑四合院轴测图

适合建造挟屋，北方的抬梁式构架建筑挟屋则要复杂一些。再者唐代建筑常有明显侧角，建筑间连接组合不易，假使有挟屋附加，挟屋柱子倾侧，结构并不稳定。唐代之后中国南方经济文化繁荣，对北方，尤其是对运河所及的开封地区产生了巨大影响。建筑中柱子侧角消失，挟屋、龟头殿、歇山十字脊等形体组合方广为出现。现存的大量宋画和金代壁画也反映了其当时“一正两挟”式的布局的大规模出现，《营造法式》中亦有“殿阁挟屋”的记录。总的来说，从保存至今的建筑史文献来看，这种“一正两挟”的建筑形式唐代尚且不多（至少在长安地区尚且不多），北宋时已较为流行（至少流行于东京汴梁，今开封）。

前面说到山西是外向发展的省份，晋东南本就与洛阳、开封相近，文化上本就受其影响很大。金兵攻克汴梁，中原工匠被掳至云中（今晋北大同），沿途道路艰险，工匠在上党（今晋东南长治）一带大量逃逸，晋东南地区的建筑形制因此深受宋代中原官式做法影响。明代大同地区战事频仍，南方的粮食大都由运河运至开封，再陆路北上晋东南直至晋北前线。清代纵跨欧亚南北的茶马贸易重复着同样的路线，可见在唐代之后，江南—开封—大同成为一条稳定的交通运输路线，或许这就是“一正两挟”这种源自南方的建筑形式广泛出现在晋东南，甚至遥远的晋北的原因。“一正两挟”成为固定组合形式，在晋北得了一个形象的名字“纱帽翅”，“四大八小”式四合院也因此被称作“纱帽翅院”，可见这种院落形制的官式底色。晋南地区虽与晋东南邻近，但其在地域文化上接近关中，又远离江南—开封—大同的官路，“四大八小”式四合院故而较少在那里出现。

3. 窑四合院

窑四合院出现时间较晚，清代方始大规模建造，地域分布上尤以晋中为多。前面说到，山西商人的经营业务在明朝末年有巨大改变，从之前以支边为目的的粮食、盐业买卖，转变成为票号业务和对俄贸易，在这一转变中，晋中商人后来居上，成为山西商人的代表。财富增长了，晋中人口随之增加，建筑也越盖越多，如何节省宅基地成了很大的问题。在这样的背景下，晋中地区出现了大量的窑四合院。为了节省土地，四合院厢房内移使其后墙与正房山墙平齐，天井被压缩至一开间左右的宽度。为了给家中更多的人提供卧室，厢房大量增加，不再局限于“三三制”

乔家大院

院落中的三开间，而多至五开间，甚至七开间都有，由此造成院落天井极为狭长，故而被称为窄四合院。由于厢房数量增多，院落狭长，又有“四六不通”（厢房避免偶数开间）的说法，过长的天井常被分为内外两院，里院厢房的间数一般要比外院更多，或里七外五，或里五外三，或里三外三，或里三外一，尽量避免厢房四间或六间。

票号、外贸生意不同于盐粮买卖，需要全族、全村人在全国各地甚至国外密切合作。这种经营方式大大强化了晋中地区的家族认同和地域认同，清代之后出现了大量以家族为单位的团堡式聚落，称作“某某大院”。平面狭长的窄四合院适合联排组合，各大院以窄四合院为居住单元，居住效率很高。在这些大院里面，每个窄四合院不必单独解决吃饭会客等功能，客厅、厨房、书房、长工房都有独立的院落以供整个家族共同使用。整个大院成为一个居住整体，整体之中的各个窄四合院均不过分突出，也没有多进院落形成的明确轴线，这与晋南的“三三制”院落、晋东南的“四大八小”式院落都是不同的。

窄四合院和大院的居住方式也影响了晋南清代民居的建造。山西襄汾丁村至今保存着自明中期至民国年间的大量传统建筑，从中我们可以看到当地民居的院落逐渐变得狭长，由“三三制”院落向窄四合院、由“分散式”向大院转变。具体细节在村落介绍中会再详谈。从丁村的例子中我们可以看到，“三三制”院落与窄四合院平面布局的差异首先是时代发展所造成的历史差异，是建筑对一种新的商业经营形式的适应。由于商业种类的转变，山西的商业中心从晋南转移到晋中，“三三制”院落与窄四合院的历史差异也

⊙ 合院与窑洞结合的地坑院

以地域差异的形式表现了出来。

4. 地坑院

地坑院是古代穴居的遗存，也可视为合院与窑洞的结合，主要分布在晋南的芮城、平陆地区。一般说来，窑洞本不适合平原地区的人家居住：一来平原地区缺少山崖，并不非常适合建造窑洞；二来靠崖窑平面较简单，也不适合家族居住。但窑洞冬暖夏凉，又容易建造，很得山西人民偏爱。鱼和熊掌如何兼得呢？晋南地区的人们便在平地上向下挖出深深的天井，并在天井四壁挖出窑洞，一般北侧正房三间，东西厢房各二间至三间，南侧挖出向下的坡道作为院落入口。地坑院就是这样一个地下住宅，整个村落更有着“进村不见房，闻声不见人”的奇特景观。从全国范围看，这种居住形式主要分布在泾河流域的甘肃庆阳、陕西长武，黄河中游的山西芮城、平陆，以及河南陕县一带。

5. 叠落式窑院

叠落式窑院是靠崖窑向院落的发展。靠崖窑平面较简单，不能形成院落以满足大家庭居住

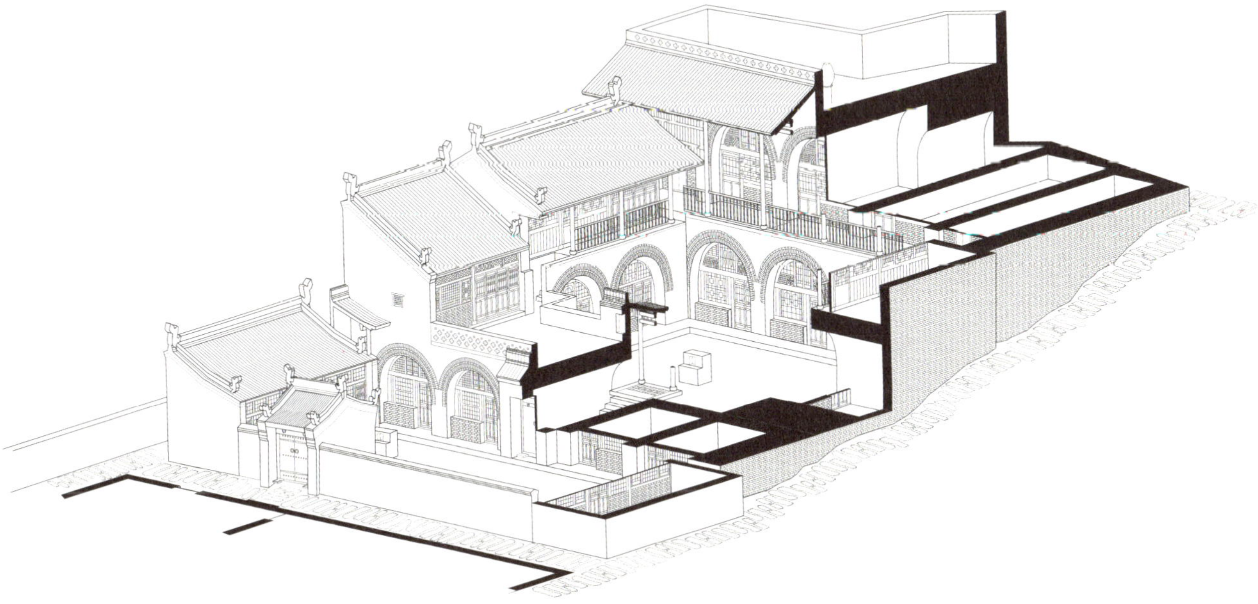

⊙ 招贤镇李家财主院轴测图

⊙ 山西碛口李家山窑洞民居

所产生的复杂功能，因而在晋西、晋南和晋中的黄土高原的山地和坡地之上，较富有的人家会常以靠崖窑做正房，正房两侧建箍窑或砖房做东西两厢，以此形成三合院。厢房间数视场地坡度而定，少至一间，多至三间到五间。正房上方可以砖木结构房屋做二层建筑，或再向更高的崖面掘土为窑院做第二层的院落。整个建筑沿地势层层向上，形成层层爬升的窑院。当场地坡度不大的时候，这种窑院的布局与“三三制”院落、窄四合院差别不大，也会形成相应的大门、二门、内院和外院。但是当场地坡度较大，尤其在山地上建设的时候，院落的进深就有较大限制，呈现为扁长的形状甚至没有院落。

得胜堡村

得胜堡村位于山西省大同市北约45公里处，今属大同市新荣区堡子湾乡。其地理位置险要，北侧是内蒙古高原的连绵群山，南侧是平坦的大同平原，南北地理、物产、文化均不尽相同。明王朝为防止蒙古瓦剌入侵，修筑外长城于此，这条长城至今依然是山西与内蒙古两省的分界线。因地处南北分界处，得胜堡村又是南北往来的重要通道，发源于内蒙古高原的饮马河在此地蜿蜒而过，汇入大同御河后向南流入桑干河中。饮马河河谷地势平坦，光绪《山西通志》记载此处为“古通汉道也”，明代之后茶马商队在此往来，络绎不绝。商路与长城交会处是长城上的重要关口——“得胜口”，得胜口内又密集修筑大小堡寨屯兵形成纵深防御，包括得胜堡、镇羌堡、四城堡和巡河堡等。这些堡寨中以得胜堡最大，共同守卫着大同镇的北大门。

得胜堡位于边墙五堡的中心，也是这一防御体系的中心，北距得胜口约1500米，东距饮马河约1000米。得胜堡建于嘉靖十八年（1539），先为土筑，名“绥虏堡”。据《宣大山西三镇图说》记载，得胜堡城周“三里四分，高三丈八尺”，即现在看到的得胜堡的北郭。绥虏堡墙为黄土夯实，外用砖石包砌，筑敌台、女墙、垛口、箭孔等军用工程。为强化防御，仅在堡南开南城门，堡内配参将屯兵戍边。时至明代隆庆年间，明王朝与蒙古鞑靼部议和，汉蒙互市，得胜口亦开设马市，绥虏堡南城门内外也渐成商人聚集之地。为解决人稠地窄、商旅聚集城外难以管理等问题，绥虏堡于万历三十二年（1604）七月经钦准向南扩建，由每边五个敌台的方形堡寨，扩建成一个东西向五个敌台、南北向六个敌台的长方形城堡，将原来南门外的商铺包纳到城墙中来。扩建后仍开南门，南门外筑瓮城，瓮城城外又有月城，月城开南门上建城阁，阁南33余米处建造照壁一座，并在堡内新建军营房300间。整个工程历时三年又一个月，竣工后绥虏堡也更名为得胜堡，于南门内额匾阴刻楷书“得胜”二字。得胜堡墙也多由绥虏堡延续下来，共计2100余米，夯土砌筑。万历二年（1574）墙基外部石砌，万历三十二年（1604）扩建时全部砖包，城墙上宽约1.7米，铺砖，外建女墙，设箭孔，筑垛口，内置条石水槽排水。火炮对骑兵杀伤力大，得胜堡南门瓮城上置千斤钢炮一门，称“大将军”，18个敌台每台各置500斤铜炮一门，称“二将军”。唯一的堡门又有城门、瓮城门和月城门三重，作为一个坚守的防御堡寨，得胜堡可谓是固若金汤。清代满蒙和亲之后，北方堡寨大多废弛，得胜堡却依然是大同镇的重要设防处所，是清代大同镇下辖四路之一“得胜路”的驻扎地。

得胜堡内街道呈网格状布局，以三条南北向大街和六条东西向小巷为主。主街南北大街位于得胜堡中轴线上，南城门和主要公共建筑均布置在它的两侧。东西两侧城墙之下另有南北向的铜南照壁大街和东城墙大街，主要供战时军队调度通行。六条东西向小巷将这三条南北向大街勾连起来，小巷之间距离大致相等。大街小巷共同将得胜堡切分成一个个长条形的居住区，这种布局在北方堡寨中较为常见，与北京胡同也十分相似。不过，在扩建后并入得胜堡的堡寨南端并没有清晰的道路网格结构，这显然是自发生长，缺乏规划的结果。并且这一区域的建筑集中分布在城门周围，堡寨东南、西南两角至今依然是农田一片。

得胜堡内曾有南北两座衙门和大小72座庙宇，如今这些公共建筑大都没有保存下来，只剩玉皇阁台基孤零零地矗立在城堡中心偏北的位置。据说历史上堡内南北中轴线上曾建有4座楼阁。最北侧是北堡墙上的神武阁，亦称北阁。明成祖极度崇拜真武大帝，真武大帝是道教中的北方之神，又掌管军事与战争，故而明代军事堡寨北墙往往都有此类供奉真武大帝的建筑。一座即是现存台基的玉皇阁，台基有4门，各门上方均有石刻匾额，东“护国”、西“保民”、北“镇朔”、南“雄藩”。南面另有落款题记“钦差分守参将李迎恩重修”，但年代已久，多处剥落，无法识读。玉皇阁位置恰在（得胜堡扩建之前）绥虏堡的中心位置，应当是堡寨建造之初的谯楼，类似建筑在北方大型堡寨中也比较容易见到。另有一阁则建在南堡门之上，曰菩萨阁（亦称南阁）。南城门内阴刻石匾“得胜”，门外阴刻石匾“保障”，上款“万历丙午（1606）岁秋十月立”。还有一阁是瓮城的南墙上的城阁，瓮城城门内西侧有通道可登上城台。南门上镶嵌石匾“得胜门”，“嘉靖二十七年（1548）岁□戊年季秋吉日”，下款为“钦差镇守大同总兵官太保左都督周□立”。由此推测此“得胜门”石匾可能原为“绥虏堡”南门石匾，得胜堡扩建后重新镶嵌于月城南门之上。

整个得胜堡分区明确，以玉皇阁为分界，得胜堡南侧以居住区为主，北侧以衙署和府库为主。这种布局固然在中国古代城市规划中屡见不鲜，但对于得胜堡来说，也有着北侧城墙更易受敌的现实考虑。得胜堡的重要衙署的大门均在玉皇阁附近。出玉皇阁西门20步即是南衙门大门，文官驻守，处理得胜堡及周边堡寨的日常事务。门外有石狮一对，雄浑俊秀，现已被移至云冈石窟。出玉皇阁东门偏北有北衙门一座，即为参将府，周围设有火药库、制弹房和万历三十五年（1607）新建的营房。堡内东北角又有箭岛一处，作为平时将士练习射箭之地。进入清末之后，得胜堡北部的衙署建筑全面废弛，逐渐破落倒塌，加之各种战事接踵而至，今天留在得胜堡北侧的只剩下一片被断续堡墙包围着的农田。

玉皇阁南侧以居民生活区为主，故而这一区域的城市肌理基本保存了下来。玉皇阁南20多步处曾有木牌楼一座，高约8.3米，宽约16.7米，全木结构，上铺琉璃瓦，十分壮观。由此以南，南北大街两侧分布着各类店铺。据清朝乾隆年间堡内城隍庙重修碑志所记，其时堡内捐资修建的商号有当铺8家，油房4家，制酒作坊3家，买卖字号亦有不少。堡寨南部又有城隍庙、奶奶庙、老爷庙、观音庙、大寺庙等不少庙宇。民间亦有“金得胜，银助马”之说，可见历史上此地商业的繁荣。直至民国年间平绥铁路（北京至呼和浩特）修通，得胜堡、饮马河这条商路才逐渐废弛，往日的繁荣也逐渐被黄沙掩埋。

在距得胜堡不到1500米的区域内，还有镇羌堡、四城堡、得胜口、巡河堡等更多更小的堡寨散布在饮马河两岸。镇羌堡初建于嘉靖二十四年（1545），土筑，万历二年（1574）石砌砖包，周长约500米，高约13米。四城堡建于明隆庆五年（1571），堡内空旷无屋，只是一座当时官方举行骡马交易的大型市场。巡河堡最小，它把守河关，是为了防止有人贴河边溜进来或逃出去。这些堡寨一方面构筑了纵深防御体系，另一方面也是商路上的分工多样的贸易平台。

得胜口内至今还保留了一些当年马市的遗迹。在得胜口东约20米处长城上修筑有一座烽火台状的建筑，它与烽火台不同之处是在烽火台上修木楼，并在关内侧约3.3米处建一平台，此台面西置台阶、地楼与烽火台连接，由此拾阶上至烽火台，而后如抽取两者连接的木板，这一木楼便变成独立城楼。这个建筑叫马市楼，据说是开设马市的标志。得胜口内外各有一座极大的旅店和货栈，称南致远店和北致远店。得胜口南另有周长约750米的城堡一座，石砌砖包，名为四城堡，在上了年纪的人记忆里，四城堡也是空堡一座。据说当年这里日出卯时城门开启，寓居南北致远店的交易人云集这里，相互交易做买卖；日落酉时城门关闭，届时口里口外的商人各回两店，以待第二天再去。所谓“四城堡”也就是“市场堡”的谐音，它可能正是当年专为马市修筑的城堡。明末诗人李杜曾写过一首名为《得胜堡马市》的诗：“吹笛关山落日偎，几年曾此得登台。天王有道边城静，上相先谋马市开。万骑云屯星斗暗，三秋霜冷结旄回。一从舆版归疆索，幕下空余草檄才。”昔日繁华，今日只能用文字凭吊了。

得胜堡村位于大同盆地北缘的河谷平原之上，地质特征与晋北、晋西黄土高原并不相同，故而得胜村内民居建筑很少采用窑洞形式。等级较高的建筑用木构架承重，砖墙围护；等级较低的建筑则多用土坯砖建造。得胜堡内还有少量传统民居建筑遗存，民居建筑以四合院为主，由北侧的正房、东西厢房和南侧的倒座房组成，建筑多为一层。得胜堡冬季寒冷，西北风盛行，太阳高度角低，北房既能最大限度地获得采光，又可以屏蔽强劲的寒风，故而多用作正房；东厢房能够获得强烈的西晒，较为温暖，也常常用作卧室。院落大门常开在东南角，所谓坎宅巽门，并常常偏转一定角度（得胜堡村主朝向为南偏东，该村住宅建筑大门也向东微偏），面向东南方。正房多做“纱帽翅”形式，即在三开间正房两侧另做两间耳房，形成正房的“套间”。这也是大同地区民居的一般做法。

现存民居建筑中以城西许家院保存较好，规制较为完整。该建筑正房一正两挟共五开间，东西一出水厢房各三开间，厢房后墙与正房山墙平齐，故而院落微窄，呈长方形，大门开在巽位，朝向东南，整个院落拘束而充实。得胜堡内也另有一些民居院落较大，可能与历史上商业、手工业经营有关，还需深入调查，院落形制并不单与居住功能有关。

⊙ 经过重修的南门

⊙ 南门上方砖雕

南门内景，门上刻有“得胜”二字，即是得胜堡名字的来源

南门瓮城夯土城墙

夯土城墙与角台

玉皇阁台基十字拱

玉皇阁台基排水龙头

玉皇阁台基

得胜堡内景现状

堡内道路和砖雕大门

堡内院落及马面

院落大门多向东南侧微偏

住宅院落

普通院落正房

杀虎口村

杀虎口位于山西省朔州市右玉县的最北端，山西、内蒙古交界之处。其地东依塘子山，西傍大堡山，南对咽喉梁，北临雷劈山、白坡梁之峡谷。群山环绕之中，苍头河纵贯南北，形成宽约有1500米的河谷开阔地，自古以来就是北方游牧民族南下中原的主要通道。这里战国时期称“参合陉”，隋唐时称“白狼关”，宋元时称“哑狼关”。明代为抵御蒙古入侵，先后在此修筑杀胡堡和边墙，此地遂又改称“杀胡口”，关口内外均驻扎大量军队。清代满人避讳“胡”字，遂将“杀胡口”改称“杀虎口”并沿用至今。《朔平府志》记载,杀虎口“其地内拱神京，外控大漠，实三晋之要冲、北门之扃钥也”“扼三关而控五原，自古倚为要塞”。可见其地位之重要。

与得胜口一样，杀虎口也是南北往来的重要商路，而且其商业地位比得胜口要重要得多。杀虎口位于大同、朔州和呼和浩特三城之间，南北大宗商品往往需要在此中转，尤其是明代以后呼和浩特渐渐成为蒙古中心城市，清代康熙、雍正、乾隆三朝用兵西北，也多走呼和浩特一线。杀虎口成为供应大军粮草的后勤基地和出入西北的重要门户，商业地位愈加凸显。清中期之后，中原与蒙古之间的贸易便以张家口和杀虎口为中枢，分别称“东口”“西口”。两地各驻扎官员，负责整个帝国北方贸易厘金征收，如前面提到的得胜口市场厘金，便在乾隆五十年（1785）决定“归杀虎口监督稽征”。再后来也就有了山西人“走西口”（杀虎口）的说法，当年晋商富甲天下，多是从杀虎口发家的。

杀虎口村主要包括两座方形堡寨：杀虎堡与平集堡。两堡之间筑城墙连接，形成长方形的堡寨格局。杀虎堡俗称旧堡，修筑于明嘉靖二十三年（1544），万历二年（1574）砖包。城周约1000米，高约11.7米，南侧开门，门外有瓮城。该堡修筑之时外长城之外的卫所已全部裁撤，明王朝的军事力量已经退守于外长城一线。杀虎堡是外长城防御的一部分，也是其时战争的前线。据《宣大山西三镇图说》记载，杀胡堡“距虏巢最近，兔毛河（今苍头河）直通塞外，川流平衍，虏易长驱，昔年大举，往往从此入犯。古道沟、新水口等处俱极冲要，边外归化城、昭君墓等处，酋首羊羔儿、虎儿害恰、哑不害恰等部落各驻牧。款后警虽息，乃地当孔道，夷使往来境上必假道于此，且市场应酬繁剧，抚防两艰。故守此地者，非才勇之将不可，宜选择而使之加意戒备焉”。嘉靖二十三年（1544）之后，各种边境地图均标有杀虎堡，可见其重要。

隆庆议和之后，中原王朝与蒙古定期开放马市互通贸易，杀虎堡的军事作用逐渐降低，商业地位迅速提高。杀虎堡南门外的马市贸易日益繁荣，堡寨中心遂有向南转移的趋势。至万历四十三年（1615）另修平集堡于原杀虎堡南侧，长、宽、高、墙厚都与杀虎堡旧堡相同，故而俗称新堡。其后又将新旧两堡城墙相连，在两堡之间围合出一个长条状的小堡，成为两堡中心，俗称中关。据《朔平府志》记载，顺治七年（1650），清廷就是在中关设户部抽分署收取“关税”，后称税务监督公署，直属户部所辖。监督公署主管职务为“钦差督理杀虎口税务监督”。在杀虎关衙门上，挂有上书“户部钦差”的牌匾，为此人们也称税务监督公署为“户部衙门”。清代的“户部衙门”不仅是杀虎口的最高文职管理机构，也是山西、陕西地区的关税和边境贸易管理中心。当地至今依然有“东有张家口，西有杀虎口”“南有绍兴府，北有杀虎口”“先有杀虎关，后有绥远城”的民间谚语。

驻军和贸易决定了杀虎口的人口构成。民间流传杀虎口“有两家半人家”。其中在公署衙门做事的共称“一家”，经商于蒙古库伦（俗称走营）的共称“一家”，在绿营兵中从军吃粮的称“半家”。其他从事手工业、小商贩、农业者均不配称“家”。杀虎堡的衙署胥吏固然官职不高，但职位世袭，家资豪富，不可一世，起居习俗多有京中官僚之风。而经商于蒙古三大号（大盛魁、天义德、元盛德）者营利非常，每年均有三五千两白银投于杀虎口，珍贵皮毛、药物、金银首饰更是不计其数。绿营兵收入远逊于上述两“家”，故称“半家”，“两家半人家”与当地的产业、税收造就了杀虎口当时的富庶。雍正至光绪年间，杀虎口远近闻名，有“日进斗金斗银”的说法。

上述“两家半人家”也决定了杀虎堡的区域分工。杀虎堡旧堡本为嘉靖年间边防而筑，边防则以杀虎口为中心，营房大都建于杀虎堡以西、杀虎口以南和苍头河以东之间河滩地带，以校场、营房为中心，逐渐衍生出了“八大衙门”中的守备衙门和中军都司衙门。最高军事衙门“副将署”和文职衙门“监督衙门”则驻于旧堡，大量官方庙宇也都聚集在旧堡之内。万历年间，为促进南北贸易，杀虎口处又建平集堡新堡一座，多为商铺和民居建筑，负责处理民事事务的巡检司衙门也建于新堡之内。连接两堡的中关西门是进出两堡的主要道路，故而西门内北侧建有负责税收的劄税部衙门，俗称户部衙门。清代杀虎口没有战事袭扰，驻军又保证了商贸安全，故而中关西门与杀虎口之间的道路也自然发展成为堡外重要的商区，大量商铺、客栈与货栈均在堡西聚集。

贸易的繁荣和人口的聚集也带动了地方商业的发展。以“明义全”“义全长”“谦随益”“长盛生”“三合义”“天昌久”为首的30多家殷实商号左右着当地的金融贸易。以经营项目分类统计有：当铺2座（增胜当、同心当），银炉4座（李、王、卞、赵），药铺4处（振济堂、广益仁、益井轩、生药张），篷铺2处（赵、梁），杠房2处，京广杂货号30余家，酿造业（包括油、酒缸坊）7家，糖坊、饭店各5家。此外，点心铺、肉铺以及小商小贩，铜铁技术各种工艺匠人，自开铺面者举不胜举。上述行业中值得一提的是位于关内的李记银炉，它不加工制作首饰银器，而是专司大关税银的熔锭，熔好加印后直解京中入库，气势非凡。

衙署店铺之外，杀虎口内还有大量公共庙宇，四方神灵各得其所，素称“全庙”。自明末至民国初年的300余年间，杀虎口的历史记载中共有51座庙宇，这些庙宇多于明嘉靖、天启和清康乾时期修建。其中旧堡内有16座，新堡内有6座，中关6座，东门外5座，南门外5座，城壕沿1座，营坊街2座，校场沟4座（以上庙宇均在杀虎堡西，苍头河东），栅子外（杀虎口关口外）5座，独虎寨（杀虎口关口内）1座。庙宇中规模较大的有真武庙、马王庙、城隍庙、三贤庙等。

杀虎口公共建筑中又以堡寨南北中轴线上的城楼、阁楼最为雄伟。玉皇阁位于杀虎堡旧堡北墙正中，与得胜堡北墙上神武阁类似。玉皇阁前为真武庙，内供真武大帝，为杀虎口阁庙之宗，规模宏大。顺台阶而上，三层楼连三牌坊，红黄绿琉璃瓦顶。每年一度的"黄箓会"均在此举行，超度因平定噶尔丹叛乱的阵亡将士。新堡北门城台上建有二层文昌阁，内供孔夫子，八角形平面，每年秋试前均在此举行仪式。新堡南门城台上又建有三官阁，建筑二层，内供福禄寿三尊。玉皇阁、文昌阁、三官阁共同勾勒出杀虎堡高低起伏的天际线。

民国初年平绥铁路修通，向称南北交通要道的杀虎口失去其重要作用。绿营兵建制改为二旗马队后，又流为散兵游民。杀虎口关税机构东迁丰镇，人员失业、商业日渐萧条。民国十七年（1928）军阀混战，地处用兵要隘的杀虎口备受其害，百姓躲兵逃难大批外迁，人口锐减。此后战乱不断，店铺关闭，房舍坍塌，庙宇拆毁，古迹摧残。清朝嘉庆道光年间，杀虎口有3600户，民国初期尚有700户，如今只有135户，庙宇、衙署无一存留。旧堡内部被平整成大片农田，近年来的旅游开发又对杀虎堡和杀虎口长城造成了巨大破坏。今天的杀虎口只剩下斑驳断续的夯土城墙、雄伟壮观的旅游地标和似曾相识的电视剧布景，诉说着这里曾经的辉煌。

由于杀虎堡保存状况很差，现已难以对这里的民居建筑准确把握。从现存遗址、遗迹来看，杀虎堡内民居平面形制当与大同民居类似。正房多为三正两挟，五开间双坡顶，两侧厢房为三开间的一出水平房，屋顶坡度较小。由于近代以来杀虎堡人口持续减少，许多院落遂不建厢房或将厢房拆除。较富裕的人家多居住在中关西门外北侧的顺城街上。这些零星遗存也揭示出杀虎口民居的一些重要特点。一方面，杀虎口与得胜口两地地貌不同，大同得胜口位于大同盆地北缘，大小河流在那里形成冲积平原；朔州杀虎口则处于吕梁山北部下伏地带，有着黄土高原的地貌特征，故而杀虎口周边乡村已有很多窑洞建筑。不过杀虎口民居依然以砖木结构的合院建筑为主，由此可见其地民居受到了大同和晋中等较发达地区民居建筑的影响。另一方面，杀虎口的普通民居多用土坯砖建造，这也是更为适合黄土高原的建造方式之一，与大同、晋中等地民居建筑呈现出较大的差别。

修复后的杀虎堡堡门

由杀虎堡通往杀虎口的古道

古桥

平集堡南门外的广义桥

平集堡的堡门

平集堡南门外的广义桥

公路旁新建的杀虎口地标

⊙ 中关堡的堡墙和堡门

老牛湾村

老牛湾村位于山西省忻州市偏关县西缘黄河东岸。在这里，黄河在黄土高原上切割出巨大的峡谷，曲折回环，自北向南流入山西。幽深的峡谷与湍急的河流是难以逾越的自然屏障，也是晋、陕、蒙三地的分界。明廷为防北方游牧民族入侵在此修建长城，内、外两道长城与黄河汇聚偏关——山西省的西北角上。老牛湾村又位于偏关县的西北角，这里北隔杨家川沟与内蒙古清水县相邻，西隔黄河与鄂尔多斯高原的准格尔盆地相望，正是“一夫当关，万夫莫开”的险地。

为防北方游牧民族入侵，明朝先在老牛湾修筑长城、敌楼，至明末又因农民起义蜂起而筑屯兵城堡——老牛湾堡。据《山西通志》记载，老牛湾“明成化三年（1467）总兵王玺筑墙（指长城），崇祯九年（1636）兵备卢友竹建堡。堡周一百二十丈，高三丈五尺”。老牛湾堡地形险峻，坐落于黄河与杨家川沟夹角的陡峭大石崖顶上，东接滑石堡，西临黄河岸，首当西北之冲。今堡城尚存，其北侧悬崖十分陡峭，易守难攻。其上今存一砖砌敌楼，雄踞崖上，俯视黄河。楼南有一门，门额上有匾，阴刻楷书“老牛湾墩”四个大字，并有题头和署款等小字，只可依稀辨出“万历岁丁丑夏”几字。敌楼上建有垛口和楼橹，正面有供士兵上下的绳梯和通道，内部有士兵居住和存放武器的夹层，用它瞭望来自黄河的敌情，点燃狼烟向东、南两边长城传递信息。脚下是近百米的悬崖，远望是广袤无垠的内蒙古大地，原本建在河边滩地上的边墙早已被黄河冲毁，今天只有这敌楼还依然屹立于山崖之上。

虽然老牛湾地势十分险要，蒙古铁骑却从不由此进攻，军事设施也从未遭遇战争。正如明代万家寨守备万恭在奏折中称：“自老牛湾至于险崖，河急不冻，据强而防。自险崖至于阴湾，河缓始冰，废墙以守。”所谓黄河天险远胜于人为的堡寨、敌楼和边墙。

清代满蒙和亲，边备废弛，南北商贸繁荣，加之康雍乾三代用兵西北之后，内蒙古河套地区成为重要的粮食产区，蒙粮内运也成为定例，水运价格远较陆路运输低廉，黄河逐渐成为重要的水上运输动脉。老牛湾与杨家川沟交汇之处水势较平缓，是天然的良港码头，吃水再深、吨位再大的船只也停靠无碍。这里又是黄河进入山西的门户，故而商业地位日益突出。繁盛时期，老牛湾渡口码头船桅林立，每天要泊靠三四十只大船。山西的船家上行到宁夏、内蒙古、河套平原和包头一带，采购货物然后返回。部分货物由老牛湾卸下走陆路，贩到偏头老关，再由偏头老关转送平鲁、五寨。其他大部分货物再沿黄河水道顺流而下进入山西中南部地区。所以在民国以前，老牛湾成了一个商业集散地、货物转运码头，曾驻有十几家商号在此进行货物交易。

黄河急流险滩很多，老牛湾南北几段水路难行，商船行至内蒙古喇嘛湾便需雇当地船家，将船送到老牛湾后再换上老牛湾的老艄掌棹下行，经过万家寨、关河口，直到龙口再换当地的船家掌棹。因此，居住在老牛湾的人们多以扳船、拉纤为生。由口外南来的货船至此，扳船汉们要集中全部精神来左扳右突，避免船只触礁沉没；而由山西到口外去的船到此又是逆流而上，这时，扳船汉们就得沿河拉纤。在老牛湾的悬崖绝壁上，就曾有一条人工凿出来的古栈道，名叫马口栈，见证着往日纤夫的艰辛。

老牛湾堡坐北朝南，南侧堡墙正中开门，门外有瓮城，瓮城外是石影壁，影壁后面观音阁和关帝庙分列左右。堡中还有一座“诸神庙”，残存有彩绘诸神，堡外四处的山上也建有多座小庙。关帝庙位于老牛湾村的中央。老牛湾本已居于高岗之上，关帝庙又居于高岗的最高处，村中各处均可抬眼望见。关帝庙创建于康熙十年（1671），《创建关夫子庙碑记》（现存廊前东侧）详细记载了老牛湾关夫子庙的建造经过：“（台公）一日语诸兵民曰：‘此堡弹丸区耳，且逼临险要，年来中休宁获享安堵，仰赖关夫子之笃佑实多，第次祠甚狭，难以为陈俎献豆、尸戏舞蹈之所。余愿割俸金别置基址，大其庙貌，新其殿宇。’堡人唯命乐从，一时响应如神。公遂于堡城之东街觅一地，大兴土木，创建正殿三楹，乐楼一座，牌坊僧庑无不悉备。”现在关帝庙仅存正殿、侧殿和山门戏台，碑刻五通。正殿硬山顶三楹，雍正七年（1729）重修。墀头以砖叠砌而成，无雕刻，除了墀头外，其余场所均为石砌。殿内有关羽塑像、“桃园结义”“千里走单骑”等壁画。

正殿西为观音、真武庙两间，两庙与关帝庙同处于高台之上，硬山顶，形制与关帝殿相同。正殿对面为戏台，院落顺应山势分上下两部分，关帝庙又处于高台之上，它们在戏台前面层层高起，如剧场一般。戏台曾毁于火灾，后按原台形制重建。

禹王庙位于老牛湾村黄河西崖处，西临黄河，与河套地区相望，坐北朝南，单进小院，现存正殿和戏台。禹王庙创建年代已不可考，如今只有借乾隆四十二年（1777）《重修诸庙宇及建盖禅室碑记》可知其部分历史。庙宇正殿三间，正祀大禹，分祀龙王爷、马王爷于左右，西侧殿祀河神，故又称河神庙。戏台前后各三楹。

老牛湾的住宅建筑具有晋西建筑的特征，多为一层的平顶窑洞，窑洞组合不规则，合院式住宅较少。老牛湾住宅的特点主要在建筑材料上。在黄河水的常年切割冲刷之下，老牛湾岩石自然裸露，当地百姓们便在这一石崖上就地取材，用大小不一的石料起石筑穴，成为青砖的有效替代品。木构建筑以石材砌筑外墙，夯土建筑以石块为骨料，窑洞建筑用石材包裹墙面。走进老牛湾，更是随处可见高矮不一的石头院墙，甚至连桌面、板凳、烟囱也都用石材砌筑。石碾石磨、石杵石臼随处可见，尤其是村南的古代城堡遗迹还依稀可辨。石材为老牛湾村赋予了鲜明的个性。

⊙ 耸立黄河之上的老牛湾墩

⊙ 老牛湾墩“望河楼”

⊙ 老牛湾墩敌楼

⊙ 老牛湾堡的堡门

⊙ 老牛湾堡的堡墙与角台

⊙ 老牛湾堡南门

⊙ 老牛湾堡南门及门内关帝庙

关帝庙

关帝庙戏台

庙内壁画

住宅院落

村落内景

石窑与石碾

俯瞰黄河与老牛湾村

文昌阁

文昌阁与聚奎门

⊙ 城内民居建筑

住宅院门

住宅大门

住宅院落

住宅牌坊门

大宋村

大宋村地处太行山麓中段，隶属于山西省阳泉市盂县梁家寨乡，距盂县县城东北70多公里。奔腾的滹沱河从梁家寨乡蜿蜒流过，将太行山切成南北两段，大宋村就在滹沱河南岸山谷之中的一块巨大的石坡之上。村落北靠坛脑山，东对南尖山，西南面是小双尖山。建筑依山就势，由下而上，层层叠叠宛如挂在山腰一般。一眼泉水又从巨石上方流下，如瀑布般层层跌落。第一层瀑布最大，被称作“大宋”，其下还有落差较小的“二宋”“三宋”和瀑布之下的“宋底沟”。村落选址于“大宋”旁边，依山傍水，由此得名“大宋村”。

滹沱河虽能沟通晋北、冀中，却不利舟行，进入太行山后地势更险，流域所及也较为闭塞。历史上来往于山西、河北两地的军队和商人们多走盂县南侧的井陉古道，形成了娘子关、固关等大小关口。太行山以东的香客们则走盂县北侧直通恒山、五台山的行唐古道，沿途创建了大量寺庙和石窟。大宋村位于两条古道间的大山之中，地理位置隐蔽，很可能是先民躲避战乱之所。大宋村村后镇山大王庙内石像背后落款为金承安五年（1200），可见此地800年前已有人居住并修建庙宇。传说此村历史上曾有马姓人家居住，但在元末业已荒废。韩氏先祖为躲避战乱，又在元末明初之时找到这里并在此定居，繁衍生息，大宋村也成为韩姓家族的血缘聚落。

大宋村是一个典型的因避难而形成的村落。从有限的记载中我们发现，20世纪50年代村中共有80多户，360余人。很难想象大宋村有限的耕地能够养活这么多人，这可能与民国时期时局混乱，村民大多躲入大山有关。等到战乱一停，村民又不约而同地选择离开大山。时至今日，大部分村民都迁至交通方便的梁家寨居住，村中只剩下几位老人，村落又一次处于荒废的边缘。

大山之中不仅耕地稀少，连土壤都是珍贵的。为了保护有限的耕地，大宋村整体选址在一块巨大的向阳石坡上。以石坡东南缘临近道路的一小块的平地为村口，平地西北角上种有一棵树龄已500多年的槐树。南侧又建有一座戏台，周边其他民居建筑也规划严整，将小小一块平地围合成为一块方形广场，这个小广场也就是整个村落日常活动的中心。村中主要道路由广场北部开始延伸上山。但上山之后道路系统渐趋复杂，没有呈现出山脚广场一般清晰而平直的规划。上山道路或用石头垒砌，或直接由山体上开凿出来，因势利导，也可见村落营造本身的不易。

大宋村自然环境恶劣，农业、牧业生产条件艰苦，又距离佛教圣地五台山不远，故而当地村民对各种自然神灵虔诚崇拜。村落周围建有大小庙宇，如观音堂、关帝庙、飞仙庙、财神庙、龙王庙和五道庙等。这些庙宇规模很小，但建筑材料和施工工艺却极为精细，建筑质量反而要高于一般住宅建筑，也更能流传久远。而今村口戏台已废弃，被用作庙宇。

大宋村的独特环境也塑造了村中独特的建筑形式。村落选址在石头山上，石头就成为当地最主要的建筑材料。山势坡度大，山上又难以建造完善的排水系统，故而当地建筑往往用大块石材砌筑台基，台基之上再用木构架与夯土墙建造房屋。有的建筑台基较高，就直接用在大石块垒砌的台基上砌筑石窑，窑洞上方找平后再用夯土墙和木构架建造房屋形成楼房。楼房和平房相互结合，在倾斜的山体上围合出几十个院落。院落外墙多为夯土墙和石墙，这些厚重墙体冬天能够抵御北方寒风侵袭，夏天又可以保持室内凉爽。不论夯土墙或是石墙，都需先搭好木构架，然后将墙体材料填补在木构架之中，故而建筑梁架往往外露，屋顶也多做成悬山顶以遮挡风雨。比较讲究的住宅建筑中，院落内墙则常用木板修建，以此营造舒适干爽的生活环境。总之当地村民用最简单、最易得的建筑材料解决了大山之中复杂而艰难的居住问题，山体之上房屋鳞次栉比，营造出单纯朴素的村落环境。

住宅建筑顺应地势建造，平面形制因此也较为灵活。三合院、四合院以及“一”字形、“L”形建筑都有。单体建筑多为三开间，但随地形增减开间的建筑也很多。比较讲究的院落多有明确的正房，正房当心间用作厅堂，但厅堂随地形调整，不开在当心间，甚至没有明确厅堂的建筑也有很多。由此可见大宋村历史上的文化水平并不很高，儒家礼教的约束较小。

与平面形制类似，大宋村住宅建筑内部的功能分区也相当灵活。与山西地区一般民居建筑类似，大宋村的住宅建筑一层多用来住人，二层用以储藏粮食和杂物。不过建筑底层若是石砌窑洞的话，这种窑洞多不住人，只用作厕所或圈养牲畜，这与南方少数民族地区的干栏式建筑又是十分类似的。地不分南北，面对相似的山地环境，人们选择了极为相似的应对对策。

大宋村建于山坡之上，平地十分有限，没有晾晒粮食的空间。为了解决这个问题，村中还建有一些平顶房屋，这些平顶房屋多用作厢房和倒座房。这种正房用双坡顶，厢房、倒座房用平顶的处理方式在山西中部、西部山区也是较为多见的。

山西省有太多的古村闻名全国，它们或是晋商大院，或是边防堡寨，或是官宦世家，或是商业集镇。在这些村落的环绕中，大宋村显得过于朴素，甚至有些寒酸，但正是这样一个村落保存了太行山区中农耕生活的一般状态，也记录了那些避难大山中的普通人的窘迫。这都是那些威名赫赫的古村、古堡和古镇所无法做到的，也正是大宋村的意义所在。

从东南方遥望大宋村

村中小景

村中陡峭的山路

院落内住宅门窗样式

村落远景

建筑大门

部分道路是从山体上直接开凿出来的

村中道路

村落远景

王化沟村

王化沟村位于山西省忻州市宁武县涔山乡，东西长约400米，南北宽约70米。村落地处吕梁山脉北部管涔山区的凤翔山。凤翔山是清真山著名的“九峰一山”之一，平均海拔1800米到2000米，高低温差悬殊。《山海经》记载管涔山：“北次二经之首，在河之东，其首枕汾，其名曰管涔之山。其上五木而多草，其下多玉。汾水出焉，而西流注于河。”汾河由此发源，河谷地带多高山峻岭，森林覆盖率高。村民将木材、石材粗加工后，在大山深处的山崖之上建造了悬空的王化沟村。村落分布在宽近500米的绝壁上，背倚悬崖，面临深渊，用骡马运送必需品。村中建筑多靠木梯上下，在大山山腰营造了一处神奇的“世外桃源”。

王化沟村的形成与历史上管涔山佛教的繁荣有关。唐代佛教广泛传播到管涔山，在清真山一带的山腰建起了许多寺庙。为了连接各个寺庙、方便往来和安全，历代的信徒们在清真山上修筑了约20公里的悬空栈道，至今有数公里遗存，并可辨认出几处游人题记。其中由“贞元三年六月善人……庚丑年四月……先生重意……”一条可见，早在唐代清真山栈道就已十分活跃，常有善人经此进香游山。村西毗卢殿西侧亦存明万历二十年（1592）题记：“万历二十年初九日，朔州善人五人林明、王世忠、鲁本正、李明……到此一游。”香客上山进香难免劳累，所以在栈道上靠近水源的地方，逐渐建起了供香客休息、居住的房屋，并渐渐形成了村庄。

王化沟村最初应当就是这样一个供香客休息的地方，当然在口传历史中，村落的起源更会光鲜一些。相传明朝末年，闯王李自成起兵，明朝灭亡在即，崇祯皇帝将子女全部遣散，其中随师父出逃的四皇子投奔到当时在宁武关和李自成决战的三关总兵周遇吉，周遇吉让四皇子到管涔山深处躲避。四皇子见明朝大势已去，自觉别无出路，便来到位于凤翔山主峰的普应寺削发为僧，法号晓安。皇子的随从们就在普应寺周围聚集成村，名曰“王化”。至今在山崖间比村子高几百米的地方还有两处“古崖居”，相传那里曾是村民躲避战争之所。仔细望去，确有形似房屋的破旧建筑。据村里人说，现在已无路可登了。

王化沟村背靠山崖，负阴抱阳。村落格局比较简单，只有一条东西方向的栈道和一条上山小路。木架栈道是村里的大街，横贯整个村落，东至龙王庙，西至打谷场，将院落、庙宇等生产生活建筑连为一体，并随山势起伏调整高度与宽度。山体陡峭处栈道仅有2米多宽，地势平缓处则有5米多宽。村子中部栈道较宽，形似广场，一条上山小路由此直通山腰稍高处的山泉，那里是整个村子的水源地和制高点。栈道和上山小路交会处是村中主要的公共活动空间，一棵高大茂密的大树在此拔地而起，栈道在树下回转，树下供村民休憩。村中曾有过龙王庙、大仙庙和五道爷三座小庙，现仅存村东口的龙王庙。村外又有上山和下山的路，适应放羊和耕种等生活需求。

在栈道和上山小路两旁分布着王化沟村的民居建筑。王化沟村几乎每家每户的房子都不在相同的水平高度上。这些院落大多为一进的三合院或四合院，院落内部顺应山势，南低北高，正房三开间，是主要的居住场所，规模通常是合院中最大的，进深在5米左右，面宽8米到12米不等。将正房建在北侧最高处不仅可以显出正房的地位，同时也可以避免雨水倒流进室内。正房左右是东西厢房，规模较小，通常面宽10米左右。从前村里人丁兴旺时，厢房为子女成家后居住，现在由于青壮年大多外出谋生，所以厢房平日已无人居住，而作储藏和饲养牲畜之用。院落入口通常位于东南角，几乎每一个院落都高出栈道1米到2米，因此院门前的石阶必不可少。入口处的倒座房多与栈道相邻，故而多为两层，但规模不大，常用作储藏或饲养牲畜。这些民居院落受地形所限规模不等，长度取决于正房面宽，进深一般为6米到8米左右。有些院落较宽，便会划分出一部分，种一些花草或蔬菜。有些也在院子的角落搭建厕所。

王化沟村现存建筑多数为清代建造，建筑材料就地取材。管涔山森林覆盖率高，多为原始次生林，山中落叶松高大径粗，树干端直，节少坚韧，具有较好的结构性能，主要用于建造支撑结构。建筑门窗等小木构件则多用云杉建造。王化沟村地处山崖之上，石材也是一种方便获得的重要建筑材料。只是由于建造方式及加工手段比较原始有限，石材只用作建筑的维护结构使用，成了青砖的有效替代品。石材墙体，有效阻隔了山谷中潮气向室内渗透。当地居民以山区中常见的黏性砂土为“砂浆”，加水和稻秆碎屑混合而成的一种黏性和韧性都很好的“涂料”。“砂浆”将石材牢固地黏在一起，并且填补了石材间的空隙，既起到了防风保温的作用，又能使建筑物表面平整。

窑洞是王化沟村中最古老的建筑形式，有近200年的历史。但现在村中只有西头和中部残留下来两处完整的窑洞，都属于靠崖式窑洞——在崖壁上凿出洞穴，然后用半米见方的石块包砌，洞内用石灰土抹面。这两处窑洞都是一进三开式，面阔三间。大的每个开间约3米，小的每个开间2.5米左右。两处窑洞高度大致相同约3米。这两处窑洞和较新的土木结构房屋组成窑房合建院，窑洞为正房朝南，东西各有一厢房，均为土木结构。南边是大门，大门旁的倒座房是牲畜圈或放杂物的一间小屋，也可能是两层的楼。院子往往依山势呈斜坡状。院内都有地窖，便于储存土豆等粮食。窑洞防火，防噪音，冬暖夏凉，既省土地，又省工。

木楼是王化沟村中最别致的建筑，外形非常类似南方吊脚楼，建筑楼板逐层出挑，上大下小。木楼多临栈道沿坡靠崖而建，多为两层，非常适合王化沟村的陡崖峭壁的地势环境。建造木楼，首先需用较粗的整根圆木依靠崖壁做吊脚支柱，支柱“木脚”向外略有倾斜，使梁枋插入崖体，里低外高，结构与崖体紧密结合在一起，保证整个楼的牢固与稳定。木楼同时需用大石块砌筑部分二层的地面，保证木楼结构的整体稳定性。“木楼”一般建在栈道和山体连接处，利用栈道和院子的高差，两面均可进入建筑。从栈道开门进入底层空间，从院子开门则进入上层空间。这样的一栋建筑上下两层相对独立，且均有对外出入口，既适应了地形，又满足了使用要求。木楼的一层比较阴冷潮湿，所以一般不住人，多用作圈养牲畜和存放杂物；二层远离地面湿气而且又能接受充足的阳光照射，所以用作住宅。

村中一些比较富裕的村民，自家院中建有羊圈。通常选择院子的西南角或东南角，用较细的原木，直径为10厘米到15厘米，横竖交叉搭出四方形的围栏，细处用较小的石块填补或加固。围栏1米多高，并在角落留出门的位置，方便羊群进出。一些条件更好些的家庭会建比较大的羊圈，并且会给羊圈的一部分加盖顶棚，顶棚也和土木房一样，用原木搭建再盖上瓦片，保证羊群不会受冻或被雨水淋湿。村中的主要劳力和交通工具是驴和骡子。村子的最西头，村民建了一个很大的牲口棚，他们把大牲口都养在这一个牲口棚里。牲口棚以木构架为承重结构，屋顶覆瓦，东西北墙都用碎石块砌筑，十分牢固，但是东西墙并没有全部封死，连接屋顶的部分留出了一块三角区域，利于牲口棚通风，保持干爽。牲口棚面阔五间，全长约10米，一间宽约2米，高5米左右，进深约2.5米，最多可养七八头牲口。

⊙ 村南全景

⊙ 村落景观

⊙ 村落景观

住宅院落

住宅院落

山腰上的木楼

村中木楼多有吊脚

住宅山墙

村落中心的大树

村东龙王庙

住宅正房，片石垒砌墙体

⊙ 正房台基往往较高，可避免厢房遮挡阳光

⊙ 正房两侧多有辅助用房

村落景观

山体上多用石台基找平建造院落

村落为发展旅游已进行大规模整修

村落景观，栈道已被整修过

羊栏

村西全景

与住宅连成一体的寨墙与寨门

住宅大门

村落局部鸟瞰

西门院大门

中院西北侧的赵氏宗祠

建筑多有套院，放置石碾、大车

影壁

影壁后乘凉的老人

碛口镇

碛口位于山西省吕梁市临县城南48公里，湫水河与黄河交汇的河口北岸。湫水河流速较快，挟携大量石块进入黄河，致使两河交汇处形成巨大的石滩，称作大同碛或二碛。石滩将原本400米宽的河道挤压到80米，河道中也是巨石嶙峋，落差高，水流急，大小船只均无法通行，历史上这里就是黄河中上游航道的终点。碛口镇正在黄河以东、湫水以北的位置上，所谓“碛口”也因大同碛而得名。

明末之后，山西与蒙古贸易往来日益密切，黄河也成为南北商贸往来的重要水路。加之清廷用兵西北之后，归化（呼和浩特）与河套地区逐渐成为中国北方重要的粮食产地。山西人口密集，粮食往往无法自给，常需蒙粮内运；粮食运输又以水运成本较低，故而黄河航道地位日益重要；黄河水路行至大同碛便是终点，由北南来的商船必须在此卸货，改由陆路将货物运往晋中晋南各地。碛口坐落在大同碛的上游，大同碛就是一个天然的“拱水坝”，提高了黄河水位，降低了黄河流速，使碛口成为天然的优质码头，可以浮起载重的大船，并同时可停泊二三百艘船。所以自清代乾隆年间起，碛口就是山西西部著名的水陆转运码头和商贸重镇。

碛口商业兴起之后，往来货物也不拘于内蒙古的粮油，西北土产也均由此进入山西。据民国十五年（1926）山西《商业课本》第一册记载：“碛口所来去的货物，约计如下：西路（陕西），来货皮、毛、碱；去货布匹、棉花、生铁货、瓷器。东路，来货河南布、洋布、省南棉花、熟铁货；去货皮、毛、油、碱、粉条、粉皮。南路，来无货；去货小米、麦、豆。北路（内蒙古），来货油、盐、鄂套碱、杂粮；去货无。”由此可见，碛口镇往来贸易种类十分丰富。

自然地势与商路走向决定了碛口镇的空间布局。湫水河几乎以直角冲入黄河，碛口镇位于两河交汇处，依自然地势分成三部分：一是黄河岸边的西市街，一是湫水河岸边的东市街，一是连接上述二街的中市街。

西市街是黄河水路交通的终点，故而以码头和货栈为主。碛口古镇兴盛时期，每年仅从内蒙古河套的磴口出发来碛口的船便有4000艘，再加上五原、包头、托克托、府谷的木船和皮筏子，几乎每天都有几十艘船和筏子从上游而来，碛口码头停泊量达上百艘，并列五六排，绵延几千米。码头上和船筏上，几百个苦力忙忙碌碌，把水上运来的各种货物卸到驳船、驳岸，再扛至西市街上几十家货栈里去。西市街上分布着众多货栈，这些货栈不同于一般的民居和手工业店铺，内部空间很大，空阔的院子往往有四五百平方米。与西市街相对的，湫水河岸边的东市街是碛口水陆码头中陆路交通的起点，这里集中着十几个骆驼店和骡马店，街北建有7座大院子，每座院子足足可容二三百头牲口。由于东市街容易被暴涨的湫水河淹没，又是人畜混杂的地方，所以多是碛口镇中穷苦劳力们居住，居住环境较差。中市街连接着西市街与东市街，位于碛口镇的中央，湫水河入黄河的口上，河岸的拐角处。中市街上的店铺相对高端，或是经营西路的皮毛、药材，或是经营东路的“洋板货”，如绸缎、直贡呢、华达呢等纺织品，还有洋油、洋染料、洋线、洋皂、搪瓷器、玻璃器之类。随着碛口的日渐繁荣，各大钱庄、中央银行、山西银行也纷纷在碛口中市街开设了分号。整体而言，居住在西市街的人相对富裕，居住在东市街的人相对贫穷。

除了以上几条主要街道之外，碛口镇中还有许多次级道路，这些道路两侧分布着几百家商店和作坊。有京广杂货店、绸布店、糖果食品店、药店、金银店、油盐店、纸笔文具店、皮毛店、瓷器店、染坊、粉坊、磨坊、剃头店、鞋店、成衣店、饭店、肉店、旅店和当铺等等。

碛口因水陆贸易中转兴起，是一个典型的商业集镇。历史上碛口镇中并没有农耕人口，加之周边均是山川峡谷，也无地可种。商人们各有自己的家乡，只会在这里建造店铺、货栈等商业建筑，并没有独立的住宅。故而碛口镇中的建筑类型以商业建筑和庙宇为主，建筑形式则以窑洞和砖木结构房屋为主。

碛口镇的商业建筑也是当地居民居住的地方。掌柜、伙计一般居住在店铺的辅助用房中，外来商客则多住在各商号的客房之中。碛口镇的商业建筑以货栈为最典型，其平面形制多由三合院和四合院演化而来，不过由于堆放货物的需要，且常常要进出高脚牲口，商业建筑的平面较一般住宅要大出许多。再者由于碛口地处两河交汇之处，沿河街道和院落常有被洪水侵蚀的危险，靠山处反而比较安全，故而大型货栈往往都在街道内侧。前后多进的院落之中，后进的房屋往往比前进的房屋高出许多，如四十眼窑院、天顺店、天聚隆和荣光店等。

碛口镇的所有房屋，底层全部是用砖砌成的“箍窑”，就是砖拱建筑。不论正房、厢房，窑洞前一般有“明柱厦檐”，即一排木构柱廊，这种做法也是晋西区域所特有的。由于碛口当地木材资源紧缺，且商人们建造店铺并不如他们建造住宅那样阔绰，所以碛口商业建筑所用的梁柱一般都是由油筏子拆卸得来，大小不一，导致建筑柱廊开间大小往往不齐。更有简单的，建筑只用“没根厦檐”，从窑腿上部伸出石头的挑檐枋，用檐椽承重。店铺二层大多是木构的房子，硬山顶，花格门窗。二层的进深比底层小，门前留出一条底层窑顶屋面作为过道。少数的大院，二层也是窑，有些大院，后面靠着山脚，正房二层就做“接口窑”，在山体上凿石窑，前面再接上一段砖拱或石拱，底层正房窑顶就形成一个大平台。货栈前院正房的底层多是用来居住，二层以及二层以上的房子，不论是窑洞式还是木构的，都用作仓库。如果储存粮食，仓库地面均用三合土夯实，上面铺砖，再垫上木杠。如果储存油，则会在油库中央造一座大石板砌就的油池。碛口镇上的商行大院虽宽敞高大，但大多简单不加装饰。商行大门多是采用“天圆地方”砖门脸，商人们建造店铺的时候，总是以实用为主导的。

碛口镇的运输业建筑主要是骡马店、骆驼店，这类建筑多是前后两进的院落，牲口安置在前院，后院居住，且前院面积极大。最大的“义和店”，占地约2870平方米，可以露天卧下200多峰骆驼。后院比前院小一些，正房五间至七间，厢房通常三间。底层通常都是砖砌的箍窑，用于脚夫居住。二楼作为货仓存放货物以及草料等杂物。

碛口的零售商店大多集中在东市街、中街、二道街和三道街。商店建筑大体分为两种，一种是租用货栈或骡马骆驼店前院临街的倒座房。这种房子大多是三间或五间箍窑，开店的拆掉窑洞的后墙，把它们的朝向调转，在街面一侧加建一间通长的店堂。店堂多为木构，前有檐柱，上有单坡硬山顶，像加宽的“明柱厦檐”。若是两层的店铺，则在窑洞前接小跨度的双坡卷棚硬山顶建筑，只覆盖店堂，后檐滴水略高于儿间箍窑的平顶。经过这样的改造，市街的宽度就比原来的小多了。自建的店铺也有采用这样箍窑和木构店堂组合式的，叫“店窑”。另一种业主自建的店铺是临街一座纯粹木构的店面，三开间，卷棚硬山顶。两种店面都很开放，在北方地区黄土高原的腹地，采用了南方式的排板门面，这种排板门能够有效地增大营业面积，但为南方所多见。《清明上河图》中也可见到。

由于街巷兼作排洪之用，为避免水淹，商铺的台基造得较高，尤其东市街。这些“高圪台”同时适应了集市商贸的需要，大多向前展览，用于陈列物品。

相比之下，当铺、钱庄等店堂，由于经营需要，基本都是高墙厚门，完全内向。更有钱庄在内院檐前挂一圈水平展开的宽网，用一根一根细铁条连锁而成，网上零落挂着铃铛。这种装置就是晋商自创的“天罗地网”。多种多样的商号店铺建筑，使得碛口镇的历史面貌异常丰富。

碛口镇上庙宇不多，只有卧虎山上的黑龙庙和关帝庙两座，目前只有黑龙庙留存。由于碛口临水，龙王和风伯、河伯对于碛口通航有决定性作用，因此早在明代，碛口人就用黄河中打捞的木料修建了黑龙庙。黑龙庙的选址极其成功，卧虎山向西伸出狭而短的山岬，三面陡峭，黑龙庙就在这山岬尖上。雄伟的山门和乐台像卧虎高昂的额头，造就跃起的动势。明代的黑龙庙只“创庙三楹”，后来碛口成为“商旅往来，舟楫上下之要津”，乾隆二十一年（1756），碛口重修了庙前的正面，补造了一排砖拱，正中辟为山门，左右拱顶上建了钟楼和鼓楼，同时也补齐了两厢和东西耳殿。黑龙庙外廓宽约28.4米，长28米，正殿是木结构，三开间，硬山顶，有前檐廊。东西耳殿也是木结构，三开间，硬山顶，也有前檐廊，但进深小于正殿。目前正殿只有龙神，右耳殿为财神，左耳殿为华佗。两厢底层都是砖窑，分前后两段：前段两孔半砖窑，进深很小；后段三孔砖窑，进深大。倒座房正中底层是三孔砖窑，作为庙的三座门道，窑上建乐楼。乐楼演戏时，两厢和院里是看戏的场所。

因为黑龙庙位于山岬尽头，乐楼已经探出山脊之外。庙宇正面的墙足足有8米高。在这高墙上建造了一座三开间的两层门脸，歇山顶，有腰檐，如同半月楼阁，与钟楼鼓楼呼应，异常壮观。黑龙庙是碛口最壮丽的建筑。庙宇正门的楹联写的全是“物阜民熙，河声岳色”“人文聚，物气和”，竟没有一句涉及神灵崇拜，这是中国文化现实性和世俗性的绝妙例证。

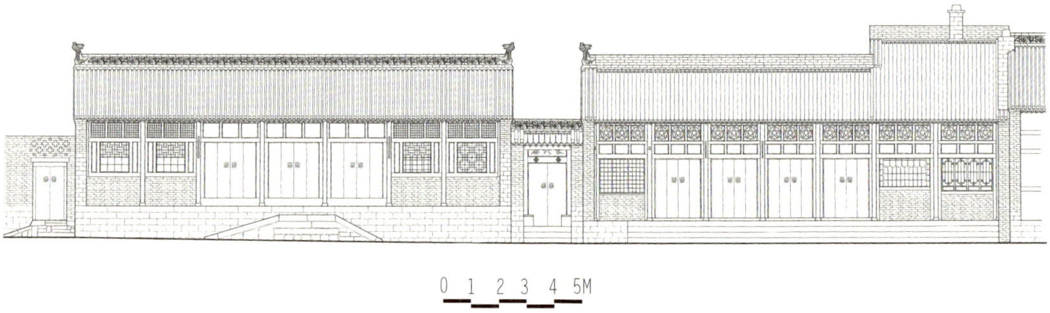

⊙ 中市街店铺立面图之一（长兴店）

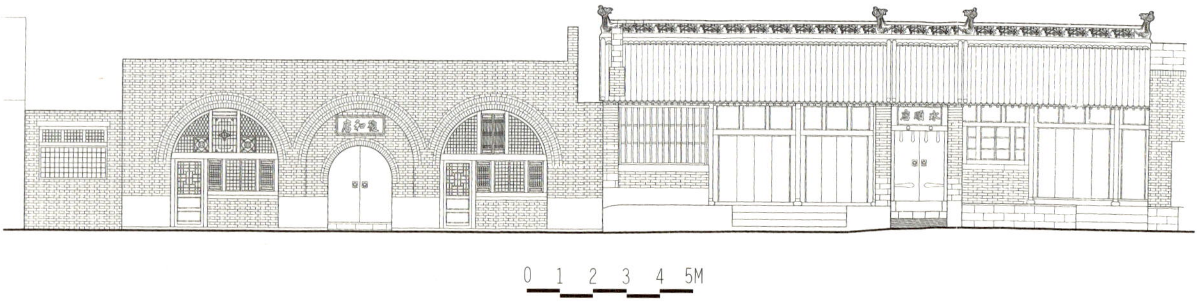

⊙ 中市街店铺立面图之二（永顺店、复和店）

黑龙庙山门立面图

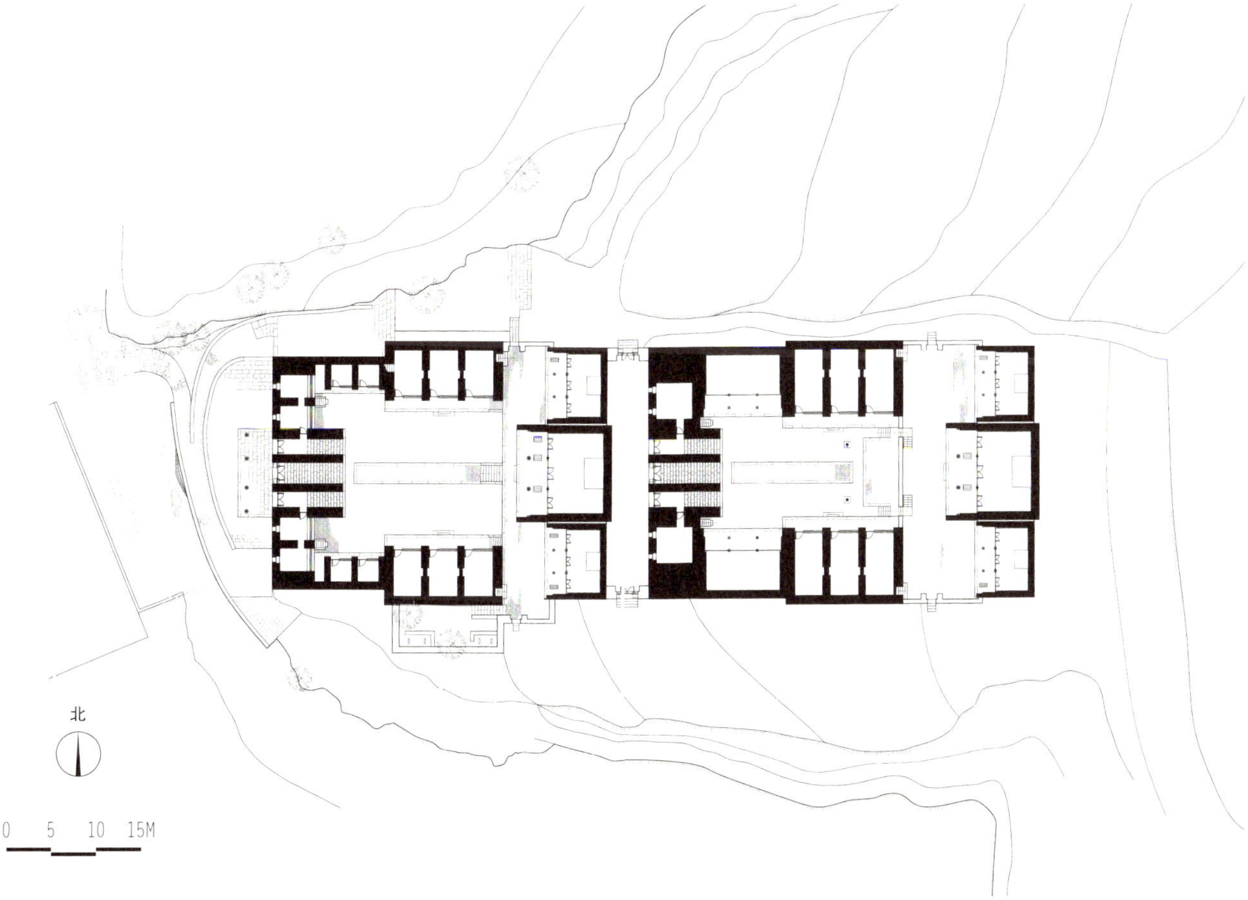

黑龙庙及关帝庙一层平面图

残阳下的黑龙庙

残阳下的黑龙庙

黑龙庙山门

黑龙庙柱础

黑龙庙柱础

黑龙庙戏台

⊙ 布有“天罗地网”的昔日钱庄

⊙ 幽深的碛口小巷

⊙ 制作碛口烧饼

⊙ 碛口烧饼

⊙ 老街最早开旅店的老板既是古镇最早的导游，也常参加一些电视剧做临时演员

⊙ 贩枣的老人

夕阳下的碛口镇全景，黄河对岸属陕西的吴堡县

黄昏中的黑龙庙

村落中的石碾

村落远景

⊙ 李家山新窑院

民居门枕石

民居门枕石

住宅院落

家業興旺
家興人興事業興

住宅院落大门

住宅大门多开在院落西南方一角

住宅院落

⊙ 大缸在小塔则村成为一种常用的建筑材料

⊙ 大缸排成的院墙

破损的窑窖与窑院

大圆缸排成的院墙

老君庙

后沟村

后沟村位于晋中市榆次区东赵乡，与晋中市寿阳县交界。村落背依太行山支脉要罗山脉，地貌沟、坡、垣、滩纵横交错。群山环绕之中，龙门河自东北向西南流过，做了一个“S”形的环绕后汇入潇河直至汾河。后沟村就建在龙门河北岸的土坡上，村坡东、西各有一道山梁。后沟村村民将村东的土梁比作黑龙，将村西的土梁比作黄龙，村对面军坪又形似蜘蛛，整体形成了“二龙戏珠”的风水格局，也就有了“四十里龙门河正当中，二龙戏珠后沟村”的谚语。两条龙山和蜘蛛山都是村民心中的风水山。历史上，山中大树茂密，禁止耕种放牧。村中还有一眼泉水，被村民称为龙门神泉，水质良好，味道甘甜，水量充足，可保证村民的日常生活用水。

榆次后沟古村历史悠久，有关人员在附近考古时发现唐代墓志铭，记载了后沟村张氏家族祖先张春晖于唐朝元和十四年（819）由山东清河迁居此处，后世子孙辗转迁居，约于明初从临近的阔子头村迁居到今天的位置。因此地在阔子头村之后，又有龙门河流过，故而称作后沟。至今村中依然以张姓为主，另有范、侯、贾、刘、韩等姓居住。明清时期汉蒙茶马贸易兴起，张氏家族也在清中期发了财，于同治年间集中建造了后沟村林中的大部分房屋。

后沟村的村落布局与地势紧密相关。村落南侧有龙门河流过，水口处建有观音堂、关帝庙以及横跨龙门河的石桥。民间相信水主财气，故而在村落水口处造桥修庙也寄托着聚财的美好愿望。转过水口，进入古村，就能够看到村口广场上的玉皇殿、古戏台、商铺等公共建筑以及一棵老槐树。村口广场的后面，两条小巷顺着山势曲折而上，行至村北后彼此相接，形成环状的道路结构。村落中心是一块地势稍高的台地，上面有一棵两个人合抱的大椿树，它是整个村落的制高点和视觉中心。后沟村的民居建筑大部分分布在这一台地周围和环状道路两侧。真武庙、魁星楼、山神庙、五道庙、龙王庙点缀在村子外围，明确地标识出了整个村落的视觉界限。

后沟村处于龙门河岸北坡之上，两侧又有两条土梁（黄龙、黑龙）作为护砂，理论上说是负阴抱阳的极好定居之地，村内住宅建筑也以坐北朝南为多。但由于村落周边山体过高，冬天只有早上9点到下午3点才能见到太阳，故而日照资源尤为珍贵。为获取更多的阳光，村落东西两侧临近护砂的建筑大多调整了朝向，村东的住宅院落多坐东朝西，村西的部分院落也调整为坐西朝东。另外，由于后沟村地势狭窄，住宅正房多为靠崖窑，靠崖窑的朝向对山势走向较为依赖，也直接影响了后沟村住宅院落的朝向。

村内现在保存较好的住宅建筑以三合院、四合院居多，旧时贫苦人家多居住在独立的靠崖窑里，现在这些土窑也都被废弃了。在后沟村的合院住宅中，正房为四开间或六开间平顶的窑洞，两侧为单坡厢房，内部院落呈长方形。四间正房虽然在开间数量上较一般晋中民居多出一间，但由于每个开间往往都不是很大，门窗窄而高，故而后沟住宅院落也并不显得如何宽敞，只是没有晋中富商大院的内院那般瘦长罢了。民间往往相信四六不成材，故而正房正中往往做一小神龛，另算作天地神仙居住的一间，这样一座四开间的正房又可以记为五间（六开间的正房也可记为七开间）。照此看来倒与晋西、晋北住宅正房一明两暗的窑洞布局很是相似，只是将平日不大使用的祖堂省略成了一个小龛罢了，这一细节也表明了后沟村土地的紧张。后沟村地处太行山区之中，与邻近的晋中平原相比，这里的气候条件与晋北更为相近，建筑也与晋西、晋北窑洞有相似之处，但这样的地方却居住着地地道道的晋中商人，连建房也如此精打细算。自然条件与商人文化共同塑造了后沟村民居建筑的独特性。

另外，值得注意的一点是，后沟村日照时间较短，住宅院落又较为瘦长，为不阻挡正房采光，后沟住宅的厢房往往低矮，上方只有坡度很小的一个出水屋面，而正房又往往建在高台之上，并与正房保持一定的距离，通过两者相对高度和距离的调整来保证正房充足的日照。以张家老宅为例，后沟古村冬至日正午时分太阳的高度角为28.75度，张家老宅窑洞顶窗下沿高度为2.94米，厢房最高点高度为4.98米，正房地坪高于厢房地坪0.75米。由此计算得出正房、厢房之间最小的日照间距为2.35米。而在张家老宅中，这一距离实际为2.7米。据此可见，虽然后沟村住宅院落的平面布局类似晋中大院，但当地居民也可以通过调整建筑之间的相对高度和距离满足人们对采光的要求。

后沟村观音堂是全村年代最为久远、规模最大、保存最完整的神庙建筑。它坐落于后沟村西南边，面向村口的半崖之上，坐南朝北，与村中玉皇殿隔河相峙，俗称南寺。观音堂修建于何年已无从考证，只有残存的重修观音堂碑记中记载了一句“有古刹一座，年代替远，不知深浅”。历史记载中，观音堂曾在明天启六年（1626）重修，后陆续又经清康熙、乾隆、道光和清末、民国年间数次扩建维修，成今日之规模。全寺共有大小房间20余间，沿着高高的台阶依次由山门、钟鼓二楼、东西廊坊、耳殿和南大殿几部分构成，为狭长形的砖木结构四合院式庙宇，保存也较为完整。观音堂大殿面阔五间，装饰精美，门前匾额为“慈航普渡”。两个下厢房分别是书塾和仓库，两边是钟楼和鼓楼。

玉皇殿位于后沟村村口广场之上，是一座五开间的硬山顶砖木结构建筑，又称“歇马殿”。玉皇殿对面有一戏台，为前卷后殿的三开间砖木结构建筑，前面的卷棚处设计成舞台，造型庄重朴实，檐角起翘平直。该建筑始建年份不详，曾于清咸丰七年（1857）重修，“文革”初期“大破四旧”中遭部分损坏，重修于2005年5月。玉皇殿、戏台和两者之间的小广场是后沟村最重要的公共空间，也是乡民日常交往和文化娱乐的重要场所。

后沟古村落张家祠堂位于村北，是张家家族专门祭祖施行家法的地方，供奉的是后沟始迁张家始祖张春晖夫妇和他们的三位儿子（朝纵、朝兴、朝干）。祠堂为靠崖式窑洞建筑，窑口接一步架悬山顶砖木结构建筑。

后沟古村地处黄土高原区，地表黄土覆盖

面积较大，虽然降雨量并不是很大，但在夏季时，也有大雨，雨水会侵蚀黄土地基，对住宅尤其是窑洞建筑危害极大，故而完善的排水系统就显得十分重要。后沟村的院落内一般没有明沟，落水处会铺设石板，防止雨水冲蚀。院内铺设青砖整体找坡，让雨水先集中于院内低洼处后（一般位于西南角），再通过石砌排水孔流向村落排水系统。

后沟村村落排水系统分明沟、暗道两部分。明沟排水道一般置于村内街道的一旁，这些坡地上的道路多有着波浪形的表面，这并不是人们长年累月行走而造成的地面下陷，而是有着特殊的排水作用。下雨时，雨水从上坡流下来，顺着这些弯弯的起伏的坡地拐几个弯就流入了明沟排水道中。明沟排水道宽10厘米左右，通过明沟可将山体、道路或部分建筑流出的流水引入地下暗道排水系统。

暗道排水是后沟古村落排水系统中最重要的组成部分，这套排水系统修建于建村之前，纵横 3000余米，从村东北、西北的高处起，穿村过院，勾连各家各户，遍布村庄的各个角落。暗道排水的排水通道十分宽大，全部由片石搭建而成。暗道排水道始于后沟古村最高的一个山坡的山顶上，在山坡最高处建造排水道主要是为了防止大暴雨时雨水对山体冲刷造成水土严重流失。此外，在村中靠山体的山墙上，有时可见一个大约一尺见方的洞，洞内向下铺着层层石阶，像微型的旋转楼梯，这就是后沟村暗道排水露在外面的入水口，明沟排水道会将附近的雨水引到这里，流入地下的排水道中。暗道排水道又分不同的高度等级，水从山顶开始通过的渠道归到下一级高度，又从下一级渠道归到更低的渠道。水流通过相互贯通的渠道顺流而下，最后汇集到全村最低处，排入村前的龙门河中。

可以说由片石垒成的后沟村排水系统是从各个院落街道汇集雨水，最后流入龙门河，不仅做到了“天降大雨，院无积水，路不湿鞋”，而且依山而建的后沟村的雨水全部由地下排走，避免了大面积地面排水导致的山体水土流失或山体滑坡等灾害的发生，其规划的科学性显而易见。

⊙ 后沟村狭长而封闭的住宅院落

住宅院落正房

卧室中高耸的大窗可尽量争取日照

火炕上劳作的村民

依山开凿的叠落式窑洞

村落景观

住宅院落大门

村落全景

村口玉皇殿与戏台

村口卷棚式结构的戏台

村口戏台

住宅中的神龛

住宅中的神龛

住宅中的神龛

观音堂钟鼓楼

位于龙门河水口的关帝庙楼

村中小庙也用小砖砌筑出来

菩萨殿

谷恋村

谷恋村位于晋中市祁县贾令镇。祁县地处晋中盆地，曾是山西重要的农耕区。但该地区位于太行山脉和吕梁山脉之间，耕地面积小，气候干燥，农业发展受到制约，时至清代初年，地窄人稠，强大的人口压力迫使大量的人弃农经商，“晋商”因此闻名全国。谷恋村就是一个典型的晋商村落。

谷恋村原名圐圙村，又称圐圙堡。乾隆《祁县志》记载，“县城北路谷恋堡，俗呼‘圐圙’”“在祁县城东北十八里”。村中以高姓为主，高氏先祖于明洪武初年由陕西迁徙至此地，明代末年时已有相当实力。清代《谷恋村志》记载可见，明末山西地方治安混乱，谷恋村遂于“明嘉靖二十年（1541）筑堡，周围五百五十步，有东门、南门二座，俱有楼，小北门一座，西门后开”。现堡墙东门、南面、西门依然保存了下来。

如晋中众多家族一样，高氏家族同样受土地的限制，族人先是积极兴修水利，增加粮食产出。光绪十八年（1892）祁县谷恋村人高则裕手书的《杂记》中记载：“圐圙村大东渠，高进登等开自顺治四年（1647）。在本村东门外观音堂后，阔三丈，河内南北筑堰，自东六支河引水，路经马家堡村西地界。灌至圐圙村北地尽而止。马家堡在上打闸三道灌地，因占地界无工使水。本村打闸十五道，灌地三十五顷零。”谷恋村自清顺治四年（1647）开挖大东渠后，使全村 3500 多亩旱地变成水田，大大提高了粮食产量。但其时昌源河上游生态环境已被破坏，昌源河水由过去的长年流水变为季节性河流，沿河居民对水源的争夺日趋激烈，从嘉靖到光绪年间，与谷恋村发生水源纷争的村落多达11个。可见当地农业产出已至极限。

在此背景下，谷恋高氏族人开始积极经商，开拓财路。嘉庆之后，高氏族人在山陕地区大面积并购土地，并在多地进行粮食、茶叶、瓷器贸易。如十四世高尔雄在陕西兼并7000余亩土地，十五世高全喜是“通顺粮行”北京粮庄的创始人，十九世高必明是太谷县“德义生”“聚利川”和“义利川”粮店产业的始祖。从清代至民国，村中先后涌现了20户财主、八大老板和100余个大小商号。据清代《谷恋村志》记载，咸丰元年（1851）谷恋村约有人口3000人，经商致仕后人颇多，村落经济实力雄厚。《祁县谷恋高氏宗谱》记载，清代谷恋有耆宾身份的绅士达 37 人，其中乡饮耆宾 27人，乡饮介宾 10人，当地人称“金塔寺，银谷恋”。

谷恋村的规划与选址是中国古代城市营建模

式与风水堪舆思想的结合。一方面，村子坐北朝南，平面大致呈方形，旁开四门，村内街道横平竖直，方形堡墙外围又有东西南北四条马道，宛如微缩版的明清北方军事堡寨和城市，也与《周礼》中的城市规划准则相类似。村落当中最为重要的庙宇老爷庙（关帝真武庙）位于村落中轴线偏北之处，这也与当时北方堡寨如出一辙。老爷庙又是村落公共活动中心，中华人民共和国成立后用作村委会，地位与城市衙署无异。从另一方面来看，谷恋村又像中国南方村落一样重视营造村落风水环境。谷恋村坐落在昌源河以北，但村落位于平原之上，北没有靠山，东西没有明确的护龙，并不符合理想的山水形式。高氏家族为补风水之不足，特在村北、东、西三面种植大片树林，营造负阴抱阳、背山面水的风水格局（可惜这片树林并未能保存至今）。又将村落南部开敞出来，在村南河北开垦了大片农田，营造风水中的村落明堂，通过人工对自然的改造，为村落营造出了一个合乎风水的小环境。

在修筑堡墙并完成了村落的风水营造之后，高氏家族开始在村东兴修水利，修建黑龙渠（东渠）。此后村落逐渐向东发展，突破了寨墙边界。民国时期，谷恋村外围曾有8座庙宇：建于光绪二十年（1894）位于村落东北的三官庙，建于光绪二十六年（1900）位于西门外的结义庙，建于民国十年（1921）位于村西北角的玉皇庙，位于村落正南的文昌阁，民国初年建于东渠西岸的观音殿、菩萨庙、河神庙和财神庙。村中最重要的庙宇也是唯一保存至今的庙宇是老爷庙，该庙建于光绪四年（1878），位于村落中轴线北端、北马道中段，坐北朝南，有1000多平方米，门楼高大雄伟。左右两侧是重檐四角攒尖亭式钟鼓楼。庙分前后两院，前院为关帝殿，后院为真武殿，供奉真武大帝。老爷庙南与戏台相对，庙宇前广场是村内的公共活动中心。

谷恋村以老爷庙（关帝真武庙）为中轴，几家财主老板的宅院连片成群，村内旧有明楼、统楼共11座，深宅大院30多所，8座庙宇之外还有祠堂4所、旗杆7处。南门西边，有应财主家建于明代的统楼院，它和北马道高家的明代四合院，算是谷恋村至今保留最早的建筑了。东门里有高执杰家建于清代的统楼院，文昌庙巷子里是高著元家的清代三合院。往东北角走，则是良必财主家的一处闷房院。这些住宅平面形式丰富，有四合院、牌楼院（二进院，里五间外三间，以牌楼相隔）、闷房院（“级别”位于四合院与普通平房中间）、牛房院等等。

谷恋村的住宅院落首先具有晋中大院的一般特点，如正房多为楼房，院落封闭，大型院落极为狭长并以仪门分隔内外，多个大型院落往往联排布局等。除了以上这些特点，谷恋村的住宅也有自身的独特之处。首先是单体院落围墙极高，围墙往往能够将除正房之外的所有建筑包围起来，且高度变化甚少。高墙是谷恋村人的防盗措施之一，也与工匠向南方建筑的学习有关。其次，谷恋村民居中外院不重要的厢房、倒座房和门楼常做平顶，这些房屋多给家中仆人居住，平顶上也可以晾晒谷物；相比之下内院中等级更高的厢房多为单坡瓦顶。对屋顶的不同处理是对建筑等级的划分，也是院落分区的标志，如祁县乔家大院附属院落也均建成平顶。最后，谷恋村不似晋中大院那样一次性建造完成，故而内部街巷系统更为发达，具有系统的公共空间，建筑类型、建筑空间变化也更多。

谷恋村人一向重视家族血统关系，村东南曾建有高家祠堂—宗衍堂。宗衍堂是民国元年（1912）由财主高昭鉴提议并慨然捐资而建的。宗衍堂正厅五间，两侧耳房各一间，东西配房各三间，南边有花园，东设大门，西开小门。凡是高家人终去，均可在宗衍堂设灵棚祭奠。正厅内设有五桌香炉供器，分十甲、五甲、西院、东院、中院。正厅檐上悬匾，上书“勃海家声”四个大字。中华人民共和国成立后，家族观念淡薄，祭祀活动渐废。

谷恋门楼

村落景观

⊙ 村中高耸的院墙

⊙ 住宅大门

老爷庙（关帝真武庙）大门

老爷庙（关帝真武庙）大殿

老爷庙（关帝真武庙）钟鼓楼

老爷庙（关帝真武庙）藻井

山墙

砖雕大门

住宅院落二门

住宅院落正房

窗上木雕

影壁神龛

⊙ 脊部砖雕

⊙ 住宅檐口砖雕

⊙ 墀头砖雕

谷恋广智学堂校门

窄四合院

候偏于干燥，农田多是旱作，年岁丰歉都取决于雨水多少，所以空王佛地位十分重要，各地多有空王庙，而以绵山云峰寺为祖庙。据张壁村空王庙里《创建空王行祠碑记》记载：“每年三月十七日空王圣诞，龙神聚会，四方各府州县人民朝礼圣境，报答佛恩，登陟中途，绵山之麓张壁村乃空王佛之要路，凡散人到此，无不止息。或遇天雨盛大，不能朝礼，此村南面焚之。”张壁村是上绵山朝拜空王佛途中特殊的一站，所以它的“空王殿”又称“空王行宫”，且张壁村处于进香之路上，往来信徒络绎不绝，故而庙宇众多。

张壁村的住宅建筑多以三合院、四合院为单元，院落窄而深，是晋中地区常见的形式。一些大户人家的住宅往往由多个院落并列连通而成。一般的院落单元中正房三开间，没有耳房。厢房也是三开间，后檐墙和正房的山墙齐平，倒座房也是三开间，不过开间面阔比正房小，所以在西南端可以有一小条空间做厕所。东南端开宅门，少数在正中开宅门。倒座房的山墙也和厢房后檐墙齐平。宅院大多没有附属的辅助房屋，所以它们的外墙是个很方正的矩形，四边四角斩裁整齐。正房是砖窑，一明两暗，高度比较大，多数用平顶。窑前有木结构的披檐和檐廊，木雕装饰精致而丰富。两厢和倒座房用砖木混合结构，抬梁式屋架，高为一层半，即有很矮的阁楼层。因采用向院子倾斜的单坡屋顶，所以外墙直抵屋脊，高近7米。这三面高墙和正房的山墙交圈，又没有窗子，使宅院看起来像一座堡垒。把外墙弄得这么高，显然是为了加强防御。

张壁村的宅院之所以要如此强的防御性，大概和村子内部的社会分化有关。在这个杂姓村子里，社会分化所造成的尖锐对立，不像南方血缘村落里可以借助宗族的力量加以调和或掩盖。张壁村宅院的分布，大致看出是西富东贫，而不是按家族、房派等因素聚集，就是一个明显的信号。

正房采用砖窑，一来可以利用它牢靠的平顶做晒场，二来有需要和可能的时候，也可以在平顶上再造二层的房屋，就像二郎庙那样。张壁村曾经至少有4座宅院过去正房窑上有过楼房，但都没有保存下来。楼梯用砖砌在厢房北山墙和正房之间的夹缝里。通常是先沿东边的一个厢房的北山墙登上半程，这个高度正好是厢房阁楼的高度，有门可以进去，然后折直角沿正房山墙再登半程可以到正房的平顶上。西边的一个楼梯只登半程就能进西厢房的阁楼去。要到倒座房的阁楼则需要用活动梯子攀登。有少数住宅，倒座房也用砖窑，上面造二层，这时便有固定的楼梯，通常在东端有一个很窄的楼梯间。

厢房北山墙和正房之间的空间，除了用于造楼梯之外，也可用来做夏季厨房和堆放煤块等杂物。两厢和倒座房的阁楼也堆放杂物，倒座房三间则是粮仓和家庭手工业的场所。所以，这种四合院不需要像南方住宅那么大的附属辅助房屋。但若是大型住宅则会有专作农事的场院和车马院，这些院落也会开较为宽大的拱门。

张壁村还有一个重要的特点，就是它复杂而巨大的地道系统，这也与历史上此处混乱的治安环境有关。近年来村中为旅游展示方便，对地道系统进行了大规模改造，加之历史上洪水地震的破坏，所以今天我们已经很难准确把握张壁村地道系统的历史与价值了。

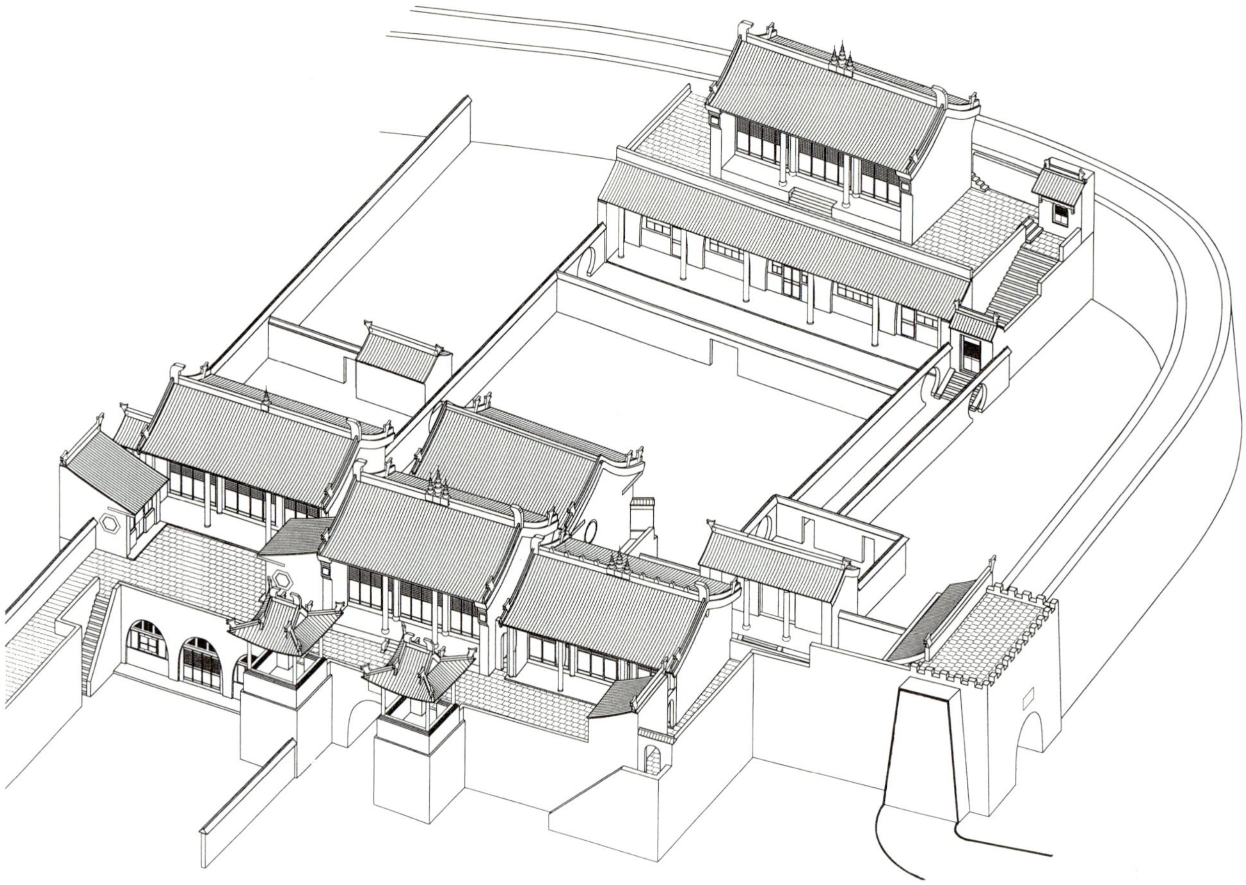

北门建筑群轴测图

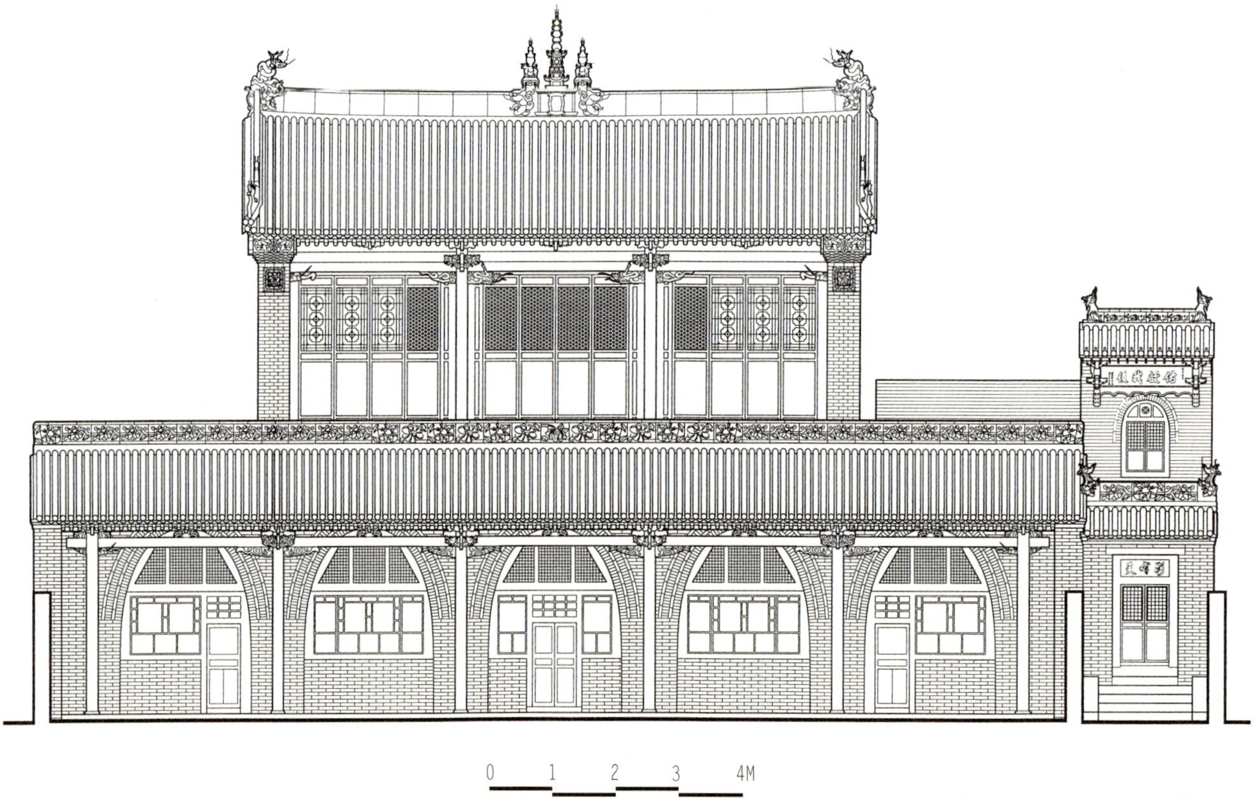

二郎庙正立面图

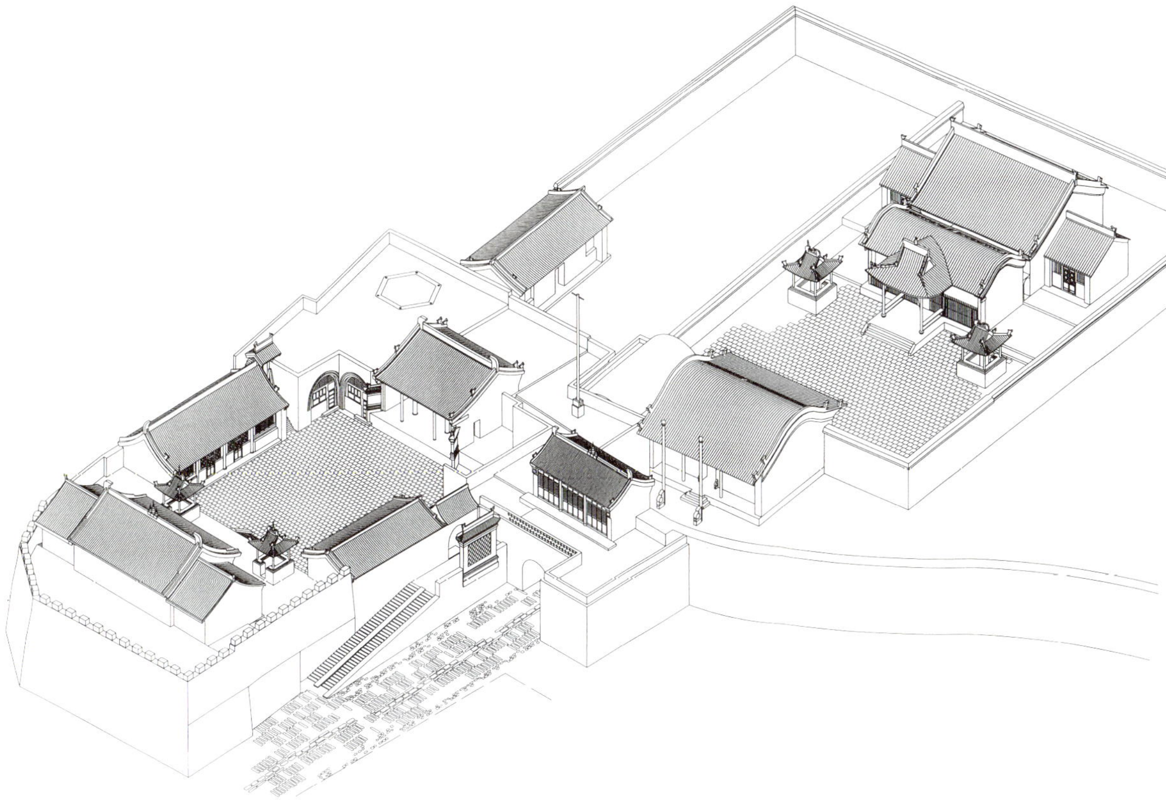

⊙ 南门（永护门）建筑群轴测图

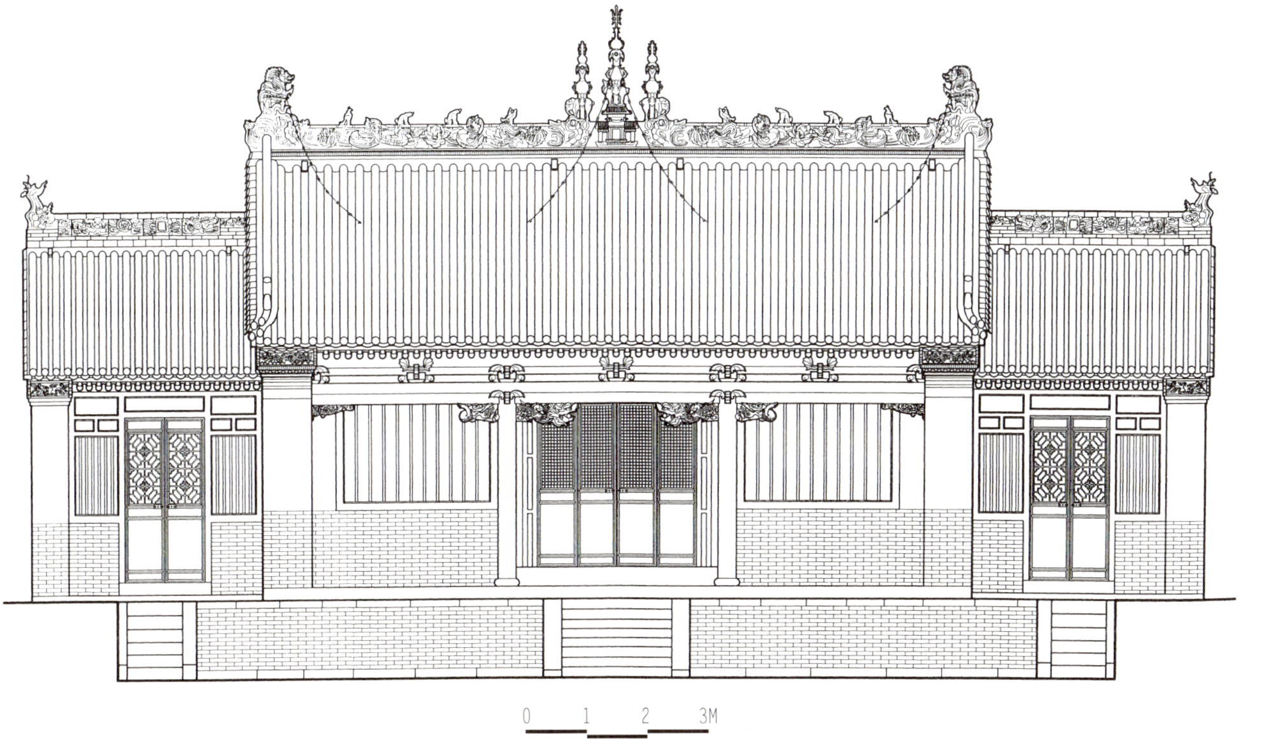

⊙ 可罕庙正立面图（脊饰复原）

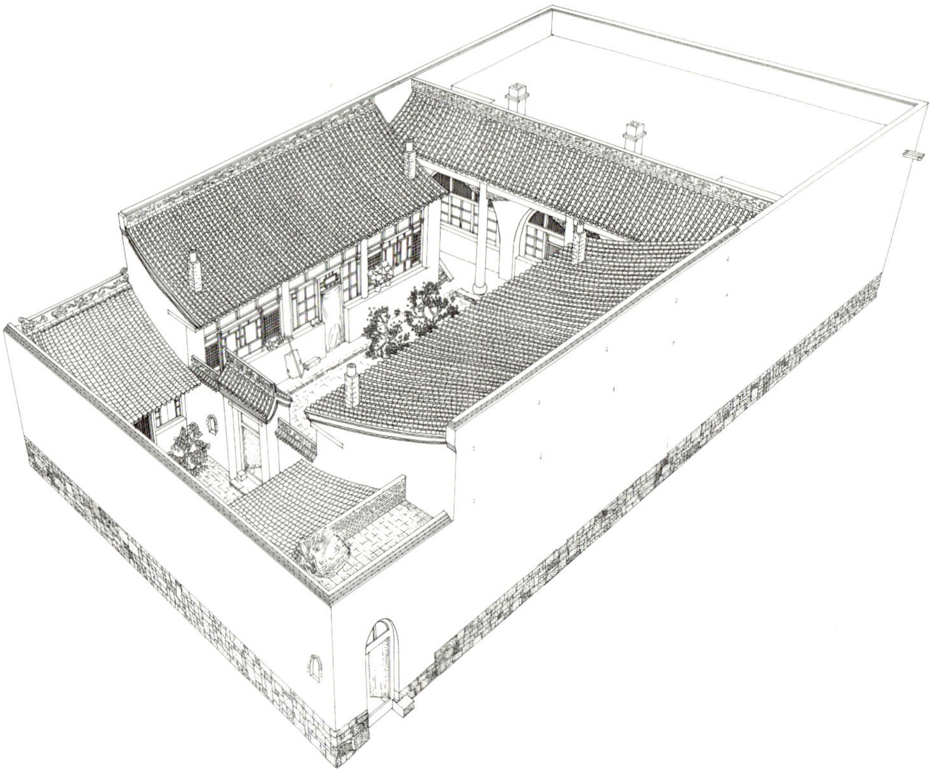

福字院透视图

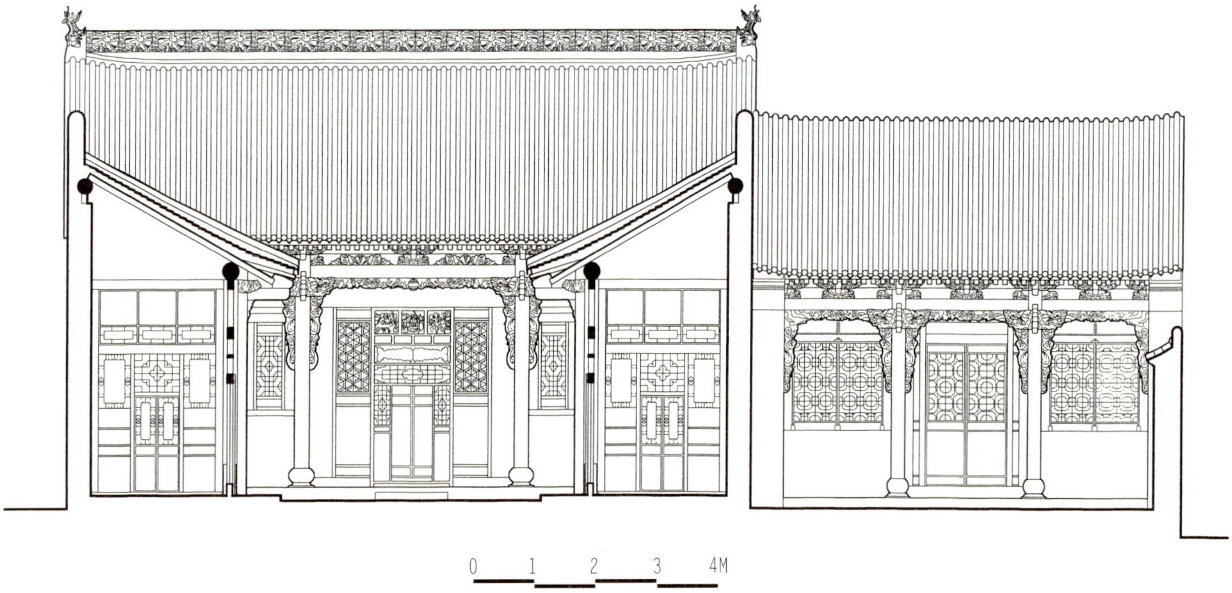

宋桂兰宅横剖面图

北门瓮城东门“德星聚”

北门瓮城内景

南门（永护门）

南门门洞与主街相连，主街也称“龙街”

二郎庙戏台

可罕庙正殿

关帝庙正殿

真武庙前的钟鼓楼

贾家巷巷口的永春楼

张壁村的住宅院落大多窄而深，具有晋中民居的一般特点

王家大院是晋中富商大院民居的典型代表。太原王氏本是中国北方首屈一指的士族，南北朝时期就以恪守正统儒家礼法知名于世，明清两代商业上的成功显然唤醒了王氏家族对往日家族辉煌的记忆，也唤醒了家族血液中的礼法意识。王家大院的建设之初就被划分出明确的方格网状的布局，从内到外、从北到南按尊卑依次排序划分院落，每个院落之中又以男女、长幼划分内外院。整个建筑平面街巷分明，与中古时期北方的“里坊”十分相似，同时又是封建礼法的平面图解，所有礼法之外的空间全都被剪除了，商人们用财富筑起城堡向外人炫耀。

王家大院的雕刻艺术也非常有价值，以石雕、木雕、砖雕为主，各类重要构件均进行装饰，从屋檐、斗拱、雀替、挂落、栋梁、照壁、兽吻、柱础石，到石鼓、门窗、神龛、匾额、帘架等，无处不雕。雕刻图案丰富多彩，内容广泛，多采用各种吉祥图案，有“岁寒三友”“四季花开”“喜上眉梢”“狮子滚绣球”“竹梅双喜”“福禄昌盛”“招财进宝”“乳姑奉亲”“五子登科”等，表现文人高雅情趣的图案占了绝大部分。

高家崖与红门堡南侧又建有王氏宗祠。王氏宗祠与当地一般中等住宅院落形制相似，也分上下两院，祠前有精雕细刻的“孝义坊”。

团堡式布局的王家大院

龙鳞街与红门堡大门

红门堡大门

红门堡正门影壁

红门堡内住宅景观

大院封闭的外墙

住宅影壁

分隔内院与外院的二门

正房前檐木装修

神龛

典型的晋中窄四合院

静升文庙大成殿

静升文庙魁星楼

莱青山馆

⊙ 王氏宗祠前精雕细刻的“孝义坊”

师家沟村

师家沟村属山西省临汾市汾西县僧念镇，东临城关镇蔡家庄，南临岭南村，北接城关镇与加楼乡交接处，西临霍州地界。该地处于吕梁山脉临汾断块构造带中的蔡家庄断层附近，以山地和丘陵为主，辖区内布满沟壑纵横的黄土峁，丘陵起伏。

师家沟村选址非常符合负阴抱阳、背山面水、藏风聚气的风水理论。村落位于三面环山的向阳坡地上，祖山高耸，青龙、白虎分明。建筑群落依陡峭山势蔓延而上，南面沟底一条小河蜿蜒流过，汇入村东对竹河，为村落提供水源，也在村南划出了大片明堂。村前几座小山纷纷朝向师家沟村，形成村落的案山。中华人民共和国成立前，师家沟四周曾被郁郁葱葱的植被环绕，北部山顶还有一眼泉水，是极为优雅惬意的居住地。

不过师家沟村高悬山坡之上，耕地不多，村落的形成与此处几大家族在商业上的成功密不可分。师家沟村以师、要两姓为主，另有牛氏、李氏少量人口。据师家沟《师氏家谱》记载，康熙中期，师家祖先师文炳定居于此，日出而作，日落而息，经近百年艰苦创业，至第三代师法泽以经商起家，才逐渐将家业发展壮大。关于他发家的事迹，村中相传闯王李自成起事兵败，退至山西，路经此地，将携带银两财宝就地掩藏，欲来日再回来取用，后身亡未归。多年之后，师法泽拾得李自成遗金获得意外之财，以此做本，放钱置地，经营票号商铺，由此发达起来。鼎盛之时，师家的店铺、钱庄北抵太原、北京，南达洛阳、开封和湖南湘乡，西至西安、米脂。师家也一度成为山西省中南地区的名门望族。

乾隆十一年（1746），师法泽从要氏第六代要珍处置入第一块地。乾隆三十四年（1769）在该地建起师家沟村的第一座大院—“巩固院”。建筑为砖券独立式锢窑，兼有少量砖木建筑，装饰精致。师家祖辈勤俭持家，农商结合，将师家的商行探向外省，慢慢发展。乾隆十七年至四十九年（1752—1784），师家在积累了一定的财力之后，开始收购同村人的土地和房产，兴建了一个以师家为中心的住宅群落，形成今日师家大院的雏形。

师氏家族极重视对后代的文化教育，兼经商有道，才德兼备，师氏家业发展壮大，商行票号逐渐探向外地。其后师氏愈加重视官商结合，大量捐钱买官，道光十五年（1835），师法泽长孙师鸣凤捐得湖南省藏江县县丞，为正八品，跻身官场，道光二十九年（1849）升补湖南省湘乡知县。湘乡乃历史上赫赫有名的曾国藩的家乡，师鸣凤在任期间，逐步推荐、提携曾国藩九弟曾国荃步入仕途。咸丰二年（1852），师鸣凤因军功钦加同知衔，乃正五品，成为师氏家族官场上的显赫人物之一。光绪三年（1877），曾国藩、曾国荃发达之时，曾国荃亲书“大夫第”精制巨匾一块，匾首题文“湘乡知县、宝庆州同师鸣凤”赠予师鸣凤，自此师家沟名声大振，一度成为达官显贵、文人学士的周游之处。相应的，师家生意也愈加兴隆，家族驼队时常带回大堆沉甸甸的金银，为此更在祖院“巩固”院旁边，也是村落的最深处修建了“竹苞”院，专做银库之用。屋内暗道纵横，四周皆为二层高楼，安全周密，并聘请武艺高强的武师来做保镖。这一时期的师家沟达到了最为鼎盛的阶段。

师家沟的另一大姓要氏家族，虽定居此处较早，但因村落中心土地尽数卖给师家，而只能居住在村巷道外围，依山散布。清代末年师氏人丁衰落，要氏家族开始收购回村中部分师家宅院。

师家沟村的村落格局也与风水堪舆关系密切。该村落中心有一处“福地”，是当时村落营建之初风水先生确定下来的。“福地”处禁止营造任何建筑，并且在四周栽种桃树以镇邪，以此确保师家福禄财气经久不衰。村落中民居院落围绕“福地”建造，形成了风车状的村落格局。“福地”是师氏家族最主要的公共活动空间，是日常生活与公共宗族会议的举行场地。一条用长方石条铺成的人行道长达1500余米，贯穿整个村落，处处与排水道接通，故有“下雨半月不湿鞋”和“关好八大门，锁好十小门，行人难出村”之说。村四周又有约1500米长的石条人行道，构成环村环行道。环道以外建有酒坊、醋坊、染坊、豆腐坊、油坊、造纸坊、当铺、盐店、药店、学堂等建筑。

洪水是山地环境中最为常见的自然灾害之一。师家沟村位于三山环抱之中，东西两侧为冲沟，东、北、西三面高程均大于村落，三面会水之地被洪水及滑坡侵袭的可能性非常大。师家沟村在设计上采用多层次相互承接的排水设施。第一个层次是从屋面到地面，从上层院到下层院，从院落内到院落外。师家沟建筑的屋顶都做大约20度起坡，再用陶质出水管将水排到院子里。第二个层次是院落内的水由排水沟集中排向院外，再由院外排向环道。每个院子也起约20度的坡，再由排水道排向村内环道。第三个层次由环道排向村外。环道是村中的主干道，同时兼起排水的作用。环道沿沟谷开挖而成，符合水流趋势。村内环路的条石铺面以下，均有陶帛的排水管，收集各院的排水，并迅速将其排下山去。这套排水系统十分完善，从清朝中叶至今，这里从未发生过因黄土湿陷而致房屋倒塌的现象。这也是师家沟民居至今保存完整的最重要原因之一。

师家沟以“福地”为主要的公共活动场地。除此之外，村中另有庙宇、祠堂与牌坊等多种公共建筑。村中原有大庙、菩萨庙、娘娘庙和土地庙等四座庙宇，分布在村落南部地势较低的台地上。如今只有村落南口的大庙还有一些残垣断壁，其他庙宇都已踪迹无存了。师氏祠堂建于同治二年（1863），位于村落东面的山腰之上，坐东朝西，为一层一进三合院，共有十三孔窑洞，院内建筑均为平顶箍窑，有一照壁。师氏祠堂现已用作住宅，残存一块石碑，记载了同治二年祠堂的建造情况。

师家沟村南入口处有一座建于清咸丰七年（1857）的贞节牌坊。牌坊主体石构四柱三间，两次间下有半人高石座，当心间无石座可通行。牌坊雕饰极为精美，正楼中间额枋上书“敕赠儒林郎国学生师自省安人赵氏、张氏，儒林郎师五音安人刘氏之坊”。牌坊正面雕有“琴棋书画”，背面刻有香炉、书卷、竹简、案几等物，以示师氏族人的抱负以及对后人的勉励。牌坊的明间柱子前后分别箍有石狮一对，石狮雄武健壮，在此把守着师家沟村的大门。

师家沟共有大小31个住宅院落，由南向北，由低至高。师家沟主要民居院落包括“成均伟望”“理达”“瑞气凝”“务本”“东山气—北海风”“大夫第”“巩固”“竹苞”“流芳”几个院落。院落环绕“福地”，祖屋在上，后期院落依次向下。师家沟住宅建筑中多有地道、暗洞相互贯通，一旦遭遇侵害，人们可从容地从通道中逃离，也可以集体“抗敌”。师家的建筑雕刻艺术可以说是清代乡风民俗的集中体现。其木雕、石雕、砖雕，分别装饰着斗拱、雀替、挂落、栋梁、照壁、柱础石、匾额、帘架、门罩等各个方面，体裁多样，内容丰富。据说仅“寿”字窗棂图案就有108种变化。村中的匾额多出自名家之手，师家现存有木匾额158处，砖刻牌匾40多处，几乎都完好无损。

师家沟的住宅建筑融合了晋西、晋南两地特征。师家沟位于吕梁山脉之中，其地自然环境与晋西更为类似，故而建筑技术和单体院落都与晋西住宅更为接近。为获得更多的日照，住宅正房多在院落东北或西北侧依山挖靠崖窑而建。为防雨水倒流室内，正房多建于半米多高的台基之上，前带木构架单坡檐廊，雕饰华丽。正房多为二层，采用三开间“一明两暗”或五开间“一明两次两暗”布局。一层为靠崖窑，二层为砖木结构建筑或是箍窑。厢房、倒座房等级低于正房，故而多为单坡单层砖木结构建筑。院落入口多位于西南角，进门正对倒座房墙影壁。据说西南“艮”位主生财，入口开设于此也反映了主人的价值取向。

从另一方面看，师家沟地处晋南，村落的社会生活也有着晋南商人家族生活的一般特征——家族聚集规模较晋西要更大一些，家族内部分工也更为复杂。师家沟村住宅院落的组合要比晋西地区复杂得多，住宅虽然也以三合院、四合院为单元，但主体院落外往往还有附属院落——外有马厩、磨坊等配院，内有银库或是眷属配院——故而二重、三重四合院在师家沟村也较为常见；师家沟村的院落分工也更为复杂，有正房、客厅、偏房、过厅、书房、绣楼、门房及仆人等用房。由于院落组合更多，巷道联系也更加巧妙和丰富，有院门、耳门、偏门、楼门、屏门、暗门。院门之外往往又有外门，上下左右互相贯通且衔接自然，形成了由下而上，楼上楼，院中院的基本格局。总而言之，如果说师家沟村的院落单体更像晋西的李家山村，那么院落之间的组合方式则更像晋南的丁村。

村落全景

“福地”南侧的“成均伟望”和“瑞气凝”两院

"成均伟望"院大门

"成均伟望"院三层院落

⊙ 封闭的建筑外墙

⊙ 院落之间多有甬道相连，甬道兼具排水功能

⊙ 建筑墀头砖雕与吻兽

门帘架木雕

"务本"院大门砖雕

“福地”东南的“东山气—北海风”院、“理达”院与“务本”院

⊙ “福地” 北侧的 “流芳” 院、“巩固” 院和 “竹苞” 院

"巩固"院全景

"竹苞"院正房

院落外院与内院

敦本堂垂花门

⊙ 村落景观

⊙ 村南入口贞节牌坊

屋顶平台四通八达

残破的院落

丁村

丁村位于山西省临汾市襄汾县新城镇的汾河东岸，汾河水自北而来，向西弯过后又向南而去，汾河两岸是一级级巨大而平坦的黄土台面，丁村就坐落在汾河东岸一块高起的台地上。村落左以汾河为青龙，右以东坡高冈为白虎，背有南面一溜小冈作为靠山，前以村北开阔的田地为明堂，山环水抱，位置隐秘。

丁村是以丁姓为主的杂姓村落。丁氏十一世孙丁比彭撰修的家谱说，“太邑汾东，有庄曰丁村，余家世居是庄，由来久矣！始于何祖，昉自何朝，余固不得而知也”。现存丁村建筑最早题记的是村西“三义庙”的“大元至正二年（1342）创建”题记。结合相关资料推测，丁氏家族先从河南兰考县迁至襄城县，再于元末明初从襄城县迁至丁村，并于明初永乐、宣德时期开始营建丁村。经过几十年的努力，丁村的丁氏族人逐渐成为当时太平县的望族。

丁氏家族的生计经营模式，以清代康熙朝为分界，分为前后两个不同的时期。自明代至清康熙年间，丁氏族人耕读传家，热心仕途并在周边村落广泛购置田地，稳步拓展家族实力。康熙年间丁氏家族人丁渐多，迫使族人进入商业经营，走上了农、官、商互为依存的发展道路。丁村西头房派主要在河南禹州做药材生意，他们把名贵的中药发往广州、香港，又从广州、香港发洋货回来，以此获利。而南院一房不仅在河南往来贸易，还开拓了西路通往陕甘宁的布匹和粮油贸易，并屡次捐官保证家族仕途通畅。最终建起了南院大片的华美府邸。

丁村的布局可以概括为“四方村落丁字街”。明代末年，丁村为防兵匪筑起寨墙。村西距河较近，风水理论中将水视为财，为防止漏财，丁村西侧不开城门，只在东、南、北三个方向各开一城门。丁村东高西低，出东门是一路上坡，因对村子风水不利，后被封死。南门外有小冈，地段狭窄，不易走车。北门便名正言顺地成为村落的正门。但中国北方地区西北风大，风水术中称之为“煞气”。为了挡住北方的煞气，在北门外正对北门的地方建起一座宏大的关帝庙，规模很大，有两院三进，门前还建起戏台。遇到兵荒马乱的年月，丁村南北城门天一黑就关闭，南门锁住无人管理，而北门却日夜有人看守，并有打更人，为丁村早出晚归的商人守门。

丁村的东西向街道主要有两条。从东门直到西头的三义庙前有一条主街，丁村现存的明清时期的住宅大都分布在这条主街的两侧，青砖大瓦，高楼大院，石块铺地，格外气派。在主街与北寨墙之间还有一条东西向街道。这一带居住着丁村的其他姓氏，由于经济条件差，街巷狭窄，屋宇低矮，又是土路，不被人重视，所以这条路也没有名字。

丁村的南北向街道主要有两条。一条靠近东门约60米处，在主街北侧，一直通向北门，称为北门巷。北门为村子的正门，北门巷与主街交会的丁字路口也十分重要。北门巷南口建有一座观音堂，在丁字街口的东、西、北三个路口各建起一座石牌楼，可惜均已毁。在主街的西头，距三义庙约50米处是第二条垂直于主街的巷子，在主街之南，直通南寨门，称为南门巷。在主街两侧，还有一些宅院之间的小巷，也都大体为南北向。两条南北向的街道与主街丁字相交，就是前面说到的“丁字街”。丁字街不仅可以在风水上“藏风聚气”，还有利于防御，外来生人不能一眼望穿全村。“丁”即“人丁”，丁字街有祈求人丁兴旺的意思，丁村人还把丁字街视为丁姓村落的象征。

街巷不仅是交通网络，同时也是排水网络。每年的七八月间，晋南大雨猛且多，短时间就可以让村落街巷成河。丁村的地势由于东高西低，北门口又高于南门口一两米，街巷中往往专门修出排水沟。为了让雨水排泄顺畅又不伤街巷房舍，西南方寨墙预留有排水口。另外村中又挖了两个涝池，一在北门巷丁字街的路南，一在南门巷丁字路口北。涝池蓄积的是天上的雨水，故又称为“天池”，不仅能够防洪，还方便了日常洗涮及牲畜饮水。据清乾隆《丁氏宗谱》残页记载：“村中有两天池，俱坐落中院，东头一，西头一。天降时雨，聚水于内，饮牛马、濯污衣，以及建房取水、童子沐浴，大有裨益。”另外天池还能起到防御火灾的作用。丁村人认为建村至今从未有房舍失火，就因有这两个天池的保佑。

天池也是重要的村落景观。清道光二十一年（1841），南院的丁庭柱、丁庭杼两兄弟在外经商发了财，见老父亲丁溪贤身体不佳，就想为老人家建一座颐养天年的别院。那时东边十字街处的天池还是土岸，里面种了些莲藕，时值夏季，池中绿叶红花十分典雅。丁氏两兄弟见到这幅景致，当即便决定在天池南岸买地建房。特意在后楼的二层，朝天池造了一间出挑的阳台，作为老人休闲时观景赏荷之所。这阳台打破了住宅封闭内向的风格，花窗栏杆轻巧空透，向外展示，彩饰雕花在青砖灰瓦中格外靓丽。它们与天池映衬，非常秀美，于是村人称它为“观景楼”。以后两兄弟又出资将天池土岸改造成石岸，整齐的石条石阶可逐级下到水面，可供妇女们在这里洗衣和小孩子洗澡玩耍。观景楼与天池、观音堂、石牌楼等建筑组合在一起，形成了村中最重要、最开放、景观最丰富的公共开放空间。农村的生活是简单质朴的，人们茶余饭后总喜欢聚到这里，见见面、聊聊天，互通商业信息，了解南北货物行情，也说些家长里短的事。时间一久，十字街自然而然地成为丁村娱乐、休闲与日常交往的公共中心，也使原本高墙深巷、一水儿青墙灰瓦的村落有了生气与活力。

丁村居住分区多以街巷为界。因此，居民根据主街与南门巷、北门巷，将村落大致划分成四块居住区：北院、中院、南院和西北院。其中北院、中院和南院均是丁氏家族的大院，建筑质量较高，从建筑年代上又以北院为早，中院、南院稍晚。西北院则多住着其他姓氏的人家，这些姓氏定居丁村普遍较早，但人丁不旺，经济实力也十分有限，故而住宅建筑质量较低。

北院、中院、南院和“西头”都有家族的家庙。家庙属于家族公产，家族规定，即使子弟们再穷，也不可把家庙卖掉或被别姓占用。清末时期，北院、西头的丁氏家庙渐次倒塌，至今唯一保存完好的家庙在南院住宅区内。南院丁氏又与北院、中院丁氏有同姓不同宗之说，独立性较强，故而家庙得以完整保存。

在丁村现存的40座院落中，据其建筑本身自留的建房题记可知，建于明万历者6座，清雍正者3座，乾隆者11座，嘉庆者2座，道光者2座，咸丰者3座，宣统者1座。另有民国者2座，未发现纪年但建筑风格类清者10座。

这些民宅，从建筑风格和纪年题记上看，建造时间跨度很长。如雍正八年（1730）的大院，乾隆十五年（1750）才盖起中厅，中间隔了20年。乾隆十年（1745）的大院，乾隆十九年（1754）才盖的大门，中间隔了9年。这样的情况，大概是由于财力的不济，另一方面由于支系繁衍发展，人丁急增，不得不增建房屋造成了在院群坐落上的时代差别特别明显。北院以明代建筑为主，均建于万历年间，最早建房题记为万历二十一年（1593）。基本上是八品寿官丁翰卿一支的产业，后在乾隆年间又有大批续建，但仍系丁翰卿之子孙所为。中院以清代雍正、乾隆间所建居多，系北院丁翰卿之同宗兄弟丁松清之子孙丁衔武、丁坤等人所建。后有道光建者，亦系丁坤之重孙丁庭柱等所为。南院的情况较为复杂，既有丁玉恩建于明万历四十八年（1620）者，也有其重孙丁建文、丁建武等建于乾隆二十年（1755）者，更多的则是由丁建文之孙丁殿清等建于道光咸丰年者，但均系一脉相承，与北院、中院没有明显关系。西北院较为分散，留存民宅较少，以乾隆、嘉庆年间者为主，其谱系至今尚无更多资料可供研究。

丁村住宅的院落单元以四合院为主。四合院中间为院落，四面建厅房、厢房、倒座房及大门。为取得好的朝向，院子都坐北朝南，正房居北，当地称厅房，是整个院落最好的房子，但不住人，是住宅中的礼制空间。厅房三开间连通不做隔墙，单层，从室内地平到正脊，高度可达两层楼高，屋脊需高过两层厢房和倒座房的屋脊，以显示礼仪空间的重要地位。当地有一则关于风水的谚语“北高不算高，南高压断腰；东高不算高，西高压断腰”，说的就是这个意思。厢房通常三开间两层，也有五开间两层的。厢房的后檐墙一般与厅房左右山墙对齐，由于厢房进深小，不会完全挡住厅房次间的采光。按规矩厢房屋脊不得高过厅房，因此厢房上层低矮，仅作储藏之用，不住人。下层为全宅主要的卧室，有火炕和灶台，火炕位于靠山墙一侧。房间进深小，炕和灶台大，一开间的卧室往往十分拥挤。为了稍稍宽敞一些，丁村民居厢房的三开间在内部隔为二间使用，即在当心间正中砌一砖墙隔断，将两室的入口房门都装在当心间，外立面仍保持三开间的形式，两次间为窗。这种做法称为“三间两室阁楼式”。由于两门紧挨在一个门框里，人称这种做法为“一框两门式”。二层楼阁连通不隔。倒座房与厅房相对，倒座房常做成五开间，称为“明三暗五”。中间三开间较大，全部连通不隔，当心间开一个门，两次间开窗，两稍间很窄。通常东南方稍间做大门道，西南方稍间建成厕所。倒座房也有上下两层，都不住人，只用来储存粮食和杂物。丁村现存住宅中，绝大部分是四合院。

丁村也有部分三合院院落。三合院即在中央院子三面建房，只有厅房和两厢而无倒座房。前面或建成照壁，中间开简单的宅院门，或建成高大华丽的门楼。无论简单的院门还是高大的门楼，通常还需建一个前院，形成前院门和宅院门两道门，前院门称为大门，宅院门称为二门。丁村的三合院住宅共有4座，北院、中院、南院、“大门里”各一座。

三合院、四合院之外，还有一种前后两进式的住宅，多为清中后期所建。它的第一进院子与三合院做法相同，大门开在中间，两边做成厢房。大门外面通常都做一面影壁，大门内侧建有木屏门，区分内外。第一进正房依然是单层厅房，由于后进有楼，厅房前后有门，为穿过式，称为“中厅”或“过厅”。多数中厅只在当心间开后门。少数的还做前后廊子，装透空的桶扇门，非常华丽。后金柱内侧做一扇太师壁，一是为厅里设置祭祀先祖的中堂，二是以免一眼看通后院。第二进院正房为三层楼房，称后楼，也不住人。主要用途是，一层供神祇，二层、三层为储藏之用。后楼作为后进院主体建筑，均为全宅的最高点。这一方面起到了“步步升高”的吉祥喻义，另一方面代替了过去的风水楼，又起了挡住煞气的作用。前后两院均有厢房，都是三间二室式，为主要卧室。二进院内都住女眷，男人大多不到内院来。丁村现存前后进式院落共4座，北院1座，中院2座，南院1座，都保存比较好。

以上三种住宅形制，在群组建筑中，相互结合使用，无论是老少几代同居共炊，还是分灶单过，均可满足要求。为防止子孙变卖房产，丁氏祖先订下家规，即“调角分房法”，并代代相传。例如，兄弟三人要分家单过，祖产一套四合院，北房三间，倒座房三间，东西厢房各两间，要均分给他们，便将北房、厢房、倒座房分别做阄，使三兄弟在北房、厢房、倒座房都各有一间。这种分家方式一方面避免了好朝向、好风水的房子被一个人所占尽，又能在整体上保护祖产。如有人要拆建或拆卖，都会受到其他兄弟的牵制，不可能随意。这样一来，许多老房子，虽几易其手，但都被完整地保存下来。

居室中家具不多，由于墙体很厚，东西都存放在墙上开的橱龛中。厅房墙上往往开有神龛；厢房炕上有存放衣服、铺盖的龛，又称衣橱，平时橱外还挂上帷幔遮挡。灶边沿墙也设龛，下层放碗筷，上层供灶君、财神，称碗橱窑。就连火炕根下也开有专门放鞋的“鞋窑”和“便盆窑”，门后墙上为晚间方便还开有“灯盏窑”。

丁村 10 号院正房背立面图

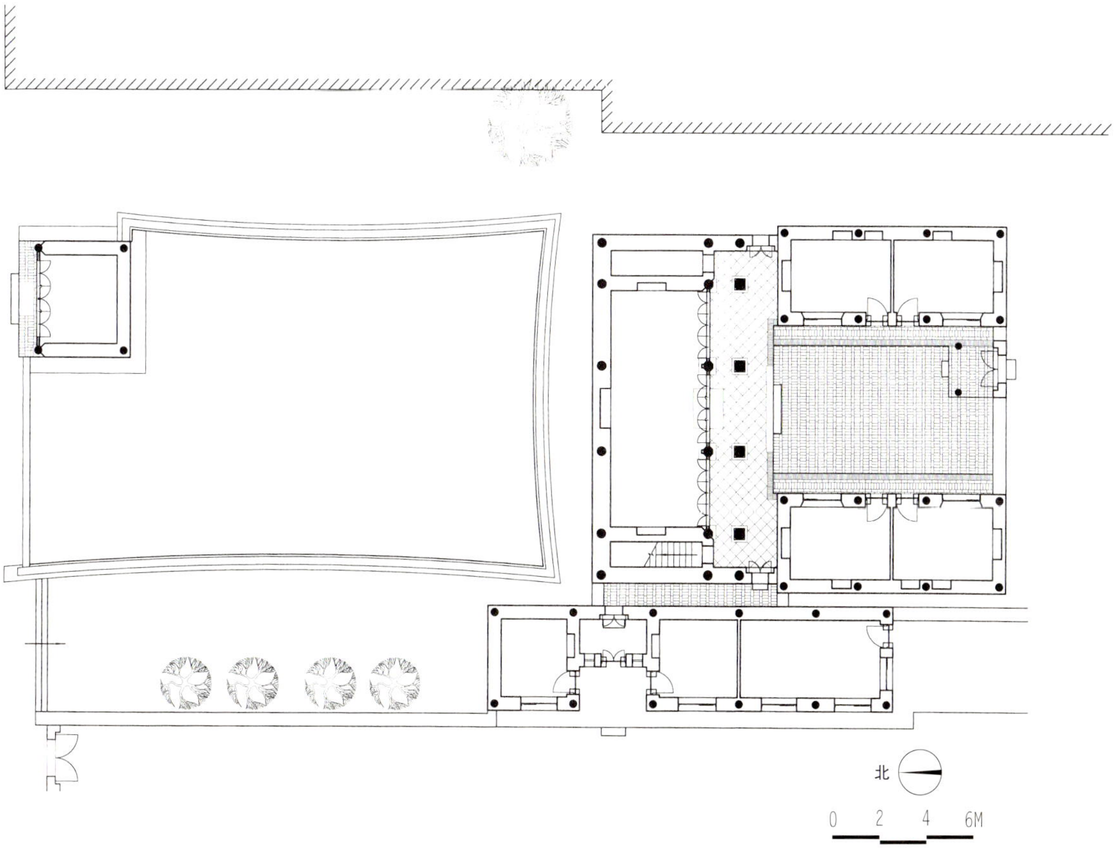

丁村 10 号院及观音阁总平面图

丁村 10 号院花板枋大样及石柱础大样

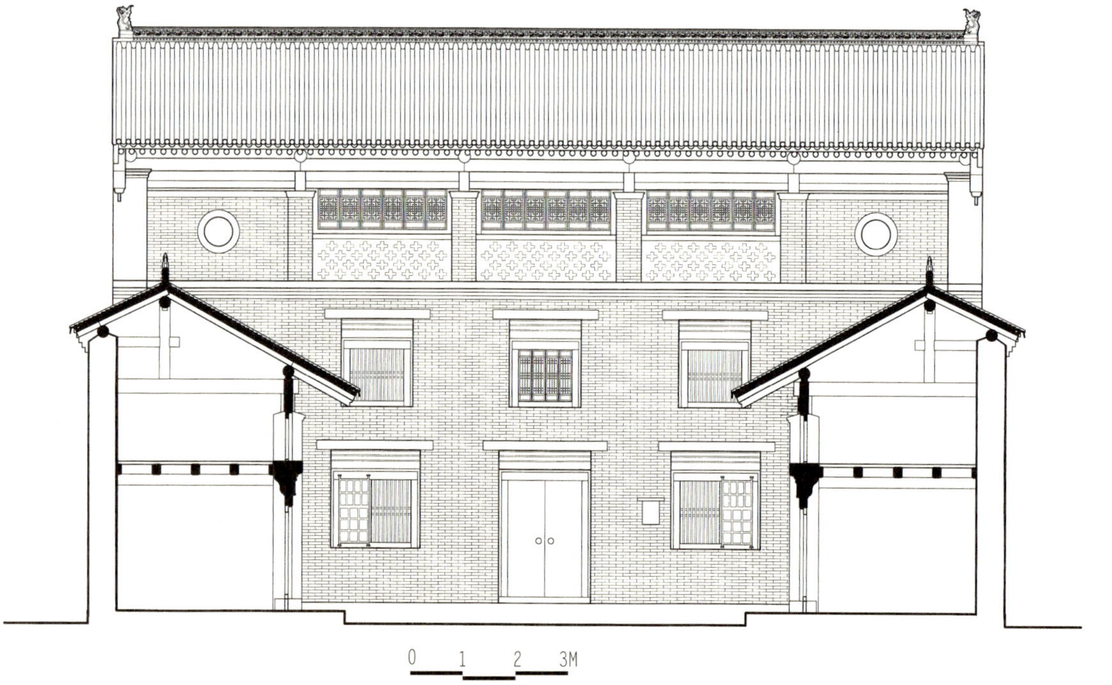

丁村 14 号院后楼立面图

丁村 10 号院与村中涝池

丁村 10 号院住宅阳台

北院 1 号院住宅大门

北院明代住宅正房

住宅门楼

大车院大门

中院住宅大门

中院牌坊门

中院住宅倒座房屏门

中院住宅院落

中院住宅厅房

三义庙

观音庙

建筑木雕

栏杆木雕狮子

大门铺首

闫景村

闫景村位于运城市万荣县高村乡。高村乡地处万荣县最南端的峨眉台地，东依孤峰山，西临黄河，属黄土高原地貌。

闫景村是以李姓为主的杂姓村。李氏原籍陕西韩城，清代迁移来此。据《万荣县闫景村李氏世谱》记载："清世前叶，秦省大饥，韩城县相里堡李氏举族东迁，定居万泉县薛店村，历八世，有李永山者，由薛店卜居闫景村。此乃万荣县闫景村李氏之源流。"据其族人推算，李氏移居闫景村大约在清代嘉庆年间。李氏迁居闫景村之后，逐渐发迹，成为财雄一方的商户。光绪年间十四世李敬信、李敬义创立"敬信义"商号，分号遍布南北，从上海至甘肃、宁夏均设有店铺，且与当地军政势力多有联系，利润丰厚，遂在家乡扩建宅院，营修祠堂，奠定了李家大院的基本格局。民国初年李氏依旧兴旺，各门往往分别开设自己的买卖，彼此又有呼应，其中以"庆泰和"最为兴盛。传至十五世，有堂兄弟李道在、李道行二人远赴英国留学，回国后均继续经商，并曾经担任山西省参议员，成为当地名流。二人还在祖居分别修建了景村别墅和三省台宅院。在李氏家族的带动下，闫景村内的商业也异常繁华，有车马大店、饭庄、药店、杂货铺、馍铺、旅店、绣花铺、理发店、中医诊所、纸花铺、木匠铺等多种商铺。

闫景村始建年代无考，考古发现汉墓9座，说明汉代这一地区已有人居住。李家大院所在地为黄土堆积的高塬，各院大体沿着闫景村西部的沟道两侧建造，形成一个相对完整的建筑群。目前尚存七组宅院和一座祠堂，包括沟道南院、沟道北院、李子院、李家祠堂四大部分，建筑面积约计5000平方米。

闫景村路北有东西两院，大致建于清末，民国初为李道生宅，后分别传与其长子大甫和次子大佐。两院并联，各分为前后两进，大门南向，北房高大，院东西均设厢房三间。目前西院二进西厢已失，东院一进北房后檐木隔断墙上尚有"正乎内外"四个大字。

路南三院并列，西院和中院建于民国初年，分别为李道生三子大猷、四子大全之宅，也都是前后两进的院落，正房三间居南，东西各置厢房三间。中院于北端临路设西式门楼，高大气派。

路南东院为李道荣所建，格局灵活。路北设大门一间及北房二间，门内为车马院；二门面东，内设一对石狮，其西才是居处所在。二门上的木构件缀满木雕，山墙内壁布满砖雕，极其精致，为现存房屋中最华丽的一座。大门和二门脊檩上的题记仍保存完好，二门所题为“中华民国二十四年岁次乙亥十月丁亥二十五日庚子吉时乙酉主木人甲申相李道荣创建门楼房一间伏愿告竣之后吉祥如意百福并臻谨志”。大门题记与之大同小异，可知这两座门房均建于民国二十四年（1935）。宅院第一进北侧设正房，院东另辟厢房三间；此北房实际上是一座三孔砖窑，分地下、地上两层，南侧以搭建木构前廊，砖窑屋顶则为平台，可登临乘凉。二进院设门楼一座，纯以砖雕构成，高大精美，北檐下设三层五踩斗，门墙南北两面均刻有行书对联，南联已残，北联为“知道诗人赋绸缪，止邱黄鸟叶绵蛮”。屋顶覆以绿色琉璃，最显突出；其门洞为圆形，门扇采用特殊的木质推拉门形式。过二进院即三进院大门，门前也有一对石狮，门侧墙壁上雕饰繁多，且各有楷书题字，东墙为“一粥一饭，当思来处不易；半丝半粒，恒念物力维艰，主人敬录”，西墙为“祖宗虽远，祭祀不可或疏；子孙虽愚，经书不可不读，辛未皋月”。此处的“辛未皋月”指1931年农历五月，应是其修建日期。三进院呈规整的合院形态，正房居南，目前已毁，仅余山墙。

路南三院之西南向约半米外的坡上另有一处独立的院落目前仍作为住宅使用，称上房院，建于清末民初。大门北向，尚存北房和西厢房各三间，其槅扇雕镂最为精巧。此院原为李道昭宅，后传其子李大震。路北两院之西北向也有一座独立的院落，为留学英国的李道行建于民国时期，与其弟道临合住。大门形式带有西洋风格，同时又设有中式纹样和砖雕对联，具有中西合璧的特色。对联为隶书“三省台前设棋枰欢留朋友，一经楼上藏书籍遗训子孙”，清雅脱俗。两扇大门铁饰精巧，且留有“郭存福铁工”“民国十七年立”字样，可知此院建于民国十七年（1928）左右。院南利用土坡地形，筑有四孔砖窑，窑洞门上各有题额，分别为“一心”“二难”“三思”“四知”，用于居住。其后另辟粮仓窑。窑洞顶为平台，即“三省台”，可用于闲坐或晒粮食。平台上设有一孔洞，粮食晒好后即由洞口直接灌入仓中贮藏。平台栏杆为砖砌，带有近代风格的几何图案。平台之北建有一排12间两层楼房，即“一经楼”，用于藏书及居住。此楼设有木栏杆和垂帘柱，与其他宅院相比，建筑用材特别纤细。

藏书楼、三省台建筑群在村西北角。藏书楼建筑共12间，西四间建在高台基上，九步台阶，二层带廊，东八间不设廊。藏书楼是李敬修之子李道行的住所。1907年，清政府派李道行留学英国，期间李娶英籍妻麦氏，于1914年回国并修建该院。院内宽敞的平台下砖砌一排插廊窑洞，北侧一排二层阁楼，楼上藏书，楼下住人，故称藏书楼。因受西方文化影响，内院门楼的造型借鉴了西方哥特式建筑的风格，整个院落中西合璧，独具特色。三省台在藏书楼前，分东、西两台，西台大，东台小，西台下正面东起第一间券大拱门，为进藏书楼的通道。依次券窑三孔，西台西侧面券三孔，东台共八孔窑洞。三省台窑顶设女儿墙，女儿墙为这座建筑之一大景观，墙砌之华丽、繁复，种类多达27种，为山西女儿花墙式样之最。

李氏祠堂位于路南东侧，坐南面北，分为两进。大门三间，用材粗壮，气势宏伟，木雕繁复，彩画鲜艳。其脊檩上有题记，依稀可辨“光绪十三年”“门房三间”“丁亥落成”“子孙”等字样，可知祠堂之建，当在清光绪十三年（1887），是李家大院现存最早的建筑。祠堂最南端为寝堂所在，轩楹高敞，其北为祭厅，两者距离很近，屋檐之间仅留一线天空。院东西厢房曾收藏了不少书籍，供族人阅读。西厢后檐墙外有立砖，上刻“此檐滴水以下是为私地”字样。据李大震老人回忆，当年每逢正月初五、清明节和十月初一，全族均需在祠堂聚会，举行祭祖仪式，于南墙上悬挂祖先画像，长辈站于寝堂，后辈立于祭厅，依次祭拜。

李家大院原有规模远不止此，除以上院落外，路南北均有若干其他宅院，还曾在路北西侧建有戏台，可惜均遭毁弃，仅有个别房屋残存。李道在于路南东侧筑有一座园林以作修身养性、吟赏风月之所，称“景村别墅”。内有三孔砖窑、小楼、荷花池和月亮井，花木茂盛，目前建筑均毁，小池和水井犹存，已为荒草所掩。

就布局而言，李家大院体现了“举家合族而居，各房自立门户”的特点，各门均有自己的宅院，彼此再联为整体。这一情形正与李家在商业经营上分号相对独立的特点相呼应。各宅院大多采用四合院的形式，格局谨严，四周围墙高峻，非常封闭；门房华丽气派，内部庭院狭小；正厢设置分明，体现长幼尊卑。也有一些院落布局灵活，且结合地形设置窑洞、平台，显得独具匠心。

李家大院较充分地体现了“三房九间加南厦，明三暗五阁楼炕”等晋南民居特点。李家大院的一个特别之处在于其院落大多不是规则的长方形，而是南侧宽，北侧窄，略呈梯形。据当地人传说此为“棺材形”，谐音“官财”，于风水上最为吉利。目前宅院现存所有建筑均为木结构硬山房，且绝大多数为三开间，是晋南民居建筑的典型代表。木材均为松木，柱子多采用较高的石柱础，柱身微有收分和侧脚。梁架体系为抬梁式，构件简单明确，梁的断面均为圆形；梁上除瓜柱之外，另用大叉手承托脊檩，犹有唐宋遗制，类似三角形桁架，结构较为合理。脊檩或用双檩，下面一檩彩画丰富且多有题记。檩上采用圆椽方飞，圆椽粗大，间距很小，举折也不明显，飞椽则有明显收分。檐下均设斗拱，多为三踩，雕饰华丽，形状多变，门房明间常用斜拱。山墙、后檐墙及槛墙均为砖包土坯墙，尺寸较厚。屋面主要覆以灰色仰瓦，两端再增铺3列至6列筒瓦。李家大院的建筑其实是在规整中求变化，于细微处显精巧，每院每房，乃至一柱一拱，均有自身个性。这也是这组晋商宅院的独特魅力所在。

鳞次栉比的屋面

路南东院砖雕门楼

学堂正房

门口石狮子

村中街巷

⊙ 李道行与其弟李道临住宅院落大门

⊙ 同福堂门楼上题“怀永图”

瘦长的窄四合院

用材纤细，长达十二间的一经楼

⊙ 同顺堂正房

⊙ 住宅格栅门

⊙ 同顺堂中堂室内陈设

李氏祠堂祭厅与寝堂

祠堂神橱与牌位

信溥堂厢房与大门

信溥堂正房

住宅影壁

门内神龛

西文兴村

西文兴村位于山西省晋城市沁水县土沃乡。鹿台山坐落于村北，东西分两支将村落包围。村西山岗古称伏虎山或凤凰岭，今称西岭；村东山岭呈山峰笔架之势。两山之间一条小河自北而来，沿村东而南去。西文兴村就处在这山间的一块台地上，东西长约220米，南北宽约150米。

西文兴村至今全村只有56户，220余口村民，除了杂姓5户，其余90%的村民都姓柳。民居现仍存有“河东世泽”及“司马第”两块门匾，从中可以看出西文兴村与河东大诗人柳宗元的渊源。据《柳氏族谱》记载：“柳氏出鲁，居河东，世代同居。百世书香传家，唐为尤盛。襄阳、万年者，乃吾族闻人贤士，屡代乃河东柳氏门闾，报于本堂，虔告于祖祠。”由此可见，柳氏家族原来居于山西西南运城地区的永济县（今永济市），是唐代“关中士族”河东柳氏中的一支。这一家族自魏晋以来便是关中和河东地区最有政治影响的家族，“柳河东”柳宗元便出自此族。

唐末关中士族持续衰落，国家经济中心也向洛阳、开封和江南转移，在此背景下，柳氏家族辗转东迁至晋东南。到明代永乐年间，“始祖”柳琛带领柳氏世族迁居至西文兴村，从此成为柳氏家族的血缘村落，至今已有500多年的历史。

西文兴村的村落选址符合古代风水选村要求：枕山、环水、面屏。在村的四周，西北两面有天然的山岭作为屏障，村的东面、南面是低下的沟壑。全村的入口设在东南方向，从沟底盘上高台进村，在村的东面沿着土坎前脸砌了一排两层石券窑洞，窑洞之上又筑了一道石头矮墙，成为村边的寨墙。寨墙向北延伸，便是西文兴村的北门，村西北的山坎下至今保留着第一代柳氏族人迁居至此所居住的七孔窑洞。

西文兴村的村落布局与该村的两度兴盛与衰落有关。自明代永乐年间定居西文兴村，经过几代族人的努力，到明代嘉靖、隆庆、万历年间，第六代族人柳遇春、柳方春一代，因为入仕、经商，柳氏家族进入第一个全盛期。在此期间，西文兴村村口建造了关帝庙和柳氏祠堂，官府为柳遇春以及祖父柳琭二位进士各赐建了一座“青云接武”和“丹桂传芳”的牌坊。两座牌坊形成了一条东西向的牌坊街，街中立有一座八字形门，名为永庆门。进入永庆门有一条南北向的街道，街道南端原有一座名为“一房山”的建筑。“一房山”建于明代嘉靖年间，为楼阁形，下面有门洞，上面为几层楼阁，共高约23.4米。街道西侧还有明代的住宅“盘石常安”宅和柳遇春的院落。街道西侧有绣楼、花园、观景台、观河亭、客房、楼阁。从现存遗址看，永庆门内为当时集中的住宅区域。东西向的牌坊街和南北向的街巷构成了村中丁字形的主要道路，再加上村东南的公共建筑，这就形成了明代西文兴村的布局。

明代末年，由于战乱与天灾，西文兴村衰落下去，及至清代乾隆、嘉庆、道光年间，柳春芳、柳茂中、柳琳三代人经商致富、捐官得名，重振西文兴村。在这期间，西文兴村口的关帝庙修饰一新，庙的东西两侧新建了魁星阁与真武阁；柳氏族人重修了祠堂、文昌阁与文庙；建造了前后两进院落的大型四合院住宅中宪第、司马第等建筑；中宪第、司马第之间形成了一条东西向的横街，街东头建造了一座牌楼门式建筑“环山居”（现已拆毁）。

至此，西文兴村的柳氏住宅在清代奠定了今天看到的格局。依山而建，起势作“凤凰展翅”。整个村可以视作一个建筑群，大体分为外府区、中府区、内府区三个部分。内府区为全封闭建筑。内府有“一房山”门、“清洁传芳”门和“宫墙”门三座门，且有八个府匾“行邀天宠”“承德第”“武德第”“司马第”“中宪第”“河东世泽”“青云接武”“中宪大夫”，古痕斑斑；中府有永庆门、“环山居”门和文昌阁门三座门；在村的四周有东南村口的魁星阁门和真武阁门，加上村北的寨门也是三座门，分别称为内府三门、中府三门和外府三门。所以昔日柳氏家府有“九门九关”之称。

西文兴村关帝庙在嘉靖三十八年（1559）重建。呈长方形，东西宽约19.8米，南北长约25.5米，内部中央为庭院，四面有建筑围合成四合院。庙门向东开，庭院的北面台基上建大殿。殿身三开间，前有檐廊，四根石造檐柱架着额枋，枋上有出双挑的斗拱挑着屋檐。当年三开间的殿内供奉的关公大帝塑像，现早已毁坏无存。大殿既为庙的主殿，在体量大小和装修上都比其他建筑讲究。四根石柱呈四方抹角即不等边八角形，柱下有圆鼓与八角形相叠的雕花石柱础。在三个开间的额枋之下都加了一道月梁，梁柱之间有修长的雀替，在月梁与雀替上布满了木雕装饰，远看仿佛是在柱间梁下的雕花挂落。檐下除柱头上的斗拱外，在柱头之间还各有一攒呈放射状的斜拱，斗拱上都绘有彩色纹样。大殿屋顶用黄绿二色的琉璃瓦剪边，屋面的中央部分也用琉璃瓦装饰。大殿的两侧各连着耳房三间，耳房带檐廊。大殿和庭院的南面是一座戏台。明清两代晋商将关公视为保护神，关帝庙也成为庙、会合一的公共性建筑。

魁星阁与真武阁位于关帝庙的西侧，建于清代嘉庆辛未年（1811）。现在真武阁已经损坏，魁星阁楼台尚存，台上楼阁已毁。魁星阁的城台券门上有两块石刻，南为“光照艺林”，北为“三台左抱”。现在魁星阁依关帝庙而建，以其高耸的楼阁成为西文兴村的著名景观；而登上这座楼阁又可以尽览村四围的远近山景，所以这座魁星阁正是既成景又得景。它与真武阁依附在关帝庙的两侧组成一个群体，成为西文兴村最重要、最显著的标志。

文昌阁位于关帝庙的北面，也是西文兴村口很重要的一座建筑。在清嘉庆十七年（1812）立的《重修文昌阁、真武阁、魁星阁碑记》中记道：“文昌阁旧址也，昔祀菩萨于上，后因破坏，于三台山庙惨南殿，移像其中祀之。”文昌阁也是一座楼阁形式的建筑，下为城台，上建楼阁，三开间，前后有空廊，檐下有斗拱，上面是悬山式屋顶，正脊与垂脊皆用琉璃装饰，正脊中央还立有琉璃的小亭，当年阁内供有文昌帝君的塑像。阁下的城台开有门洞，因为文昌阁地处村里东西、南北两条主要街巷的交叉点上，所以门洞呈丁字形，南北可穿行，向西可通牌坊街，向北通达“环山居”。在文昌阁城台的南、北、西三面门洞券石上各有一块石匾，分别刻着“行屋拱翠”“鹿台挺秀”与“凝瑞”，形象地描绘了西文兴村里村外的人文与自然景观。

西文兴村至今仍保存有明代以来的6座完整府第，主要集中在东西向的府内横街两侧，路南紧挨着的两个宅院是中宪第和“堂构攸昭”宅。路北从东往西依次是“行邀天宠”宅、司马第、“河东世泽”宅和“盘石常安”宅。“香泛柳下”也是一座保存完好的院落，在村的西南角。

中宪第位于西文兴村的中心，北临东西横街，南靠牌坊街，为前后两座四合院相串联的大型住宅。因柳琳在朝廷做官，其父亲、祖父被赐为“中宪大夫”，因而宅邸命名中宪第。中宪第由两个大小相等的“四大八小”型四合院组成，所有房屋，包括耳房在内都分为上下二层。房屋采用抬梁式木构架，左右两边砖墙，硬山式屋顶，屋面略呈曲线，但屋之正脊不起翘，各条脊上有雕花砖瓦作装饰，在脊端安设吻兽。

中宪第房屋的装修也集中在外檐。即使在厅堂内也是清水砖墙，顶上露出上过油漆的木梁，不做天花，砖铺地面。而室外，在第一进院四周的厅堂、倒座房与厢房都有前檐廊。檐柱下有雕花石柱础，檐柱上有布满木雕的额枋与雀替。二楼上柱间均有木栏杆，栏杆及栏杆下的梁托上都有木雕作装饰。四周门窗上也布满各式几何形花格纹。在第二进院落四周，除厅堂外，正房及厢房也都设檐廊，在檐柱、栏杆、门窗上也都有雕饰。所以在中宪第的院内，四周建筑所营造的环境虽然十分规整，但也显得很华丽，只不过在装饰的内容与手法上，前后两进院子有等级上的区分。

司马第是由前后两座四合院串联而成的大型住宅，形状与中宪第很相像，但面积较后者大，南北长约51.3米，东西宽约23.3米。正房坐北朝南，形成南北纵向的长方形平面。在南北向的中轴线上，自南而北排列着倒座房、厅堂与正房三座房屋。它们都设前檐廊，这些房屋都带有左右的耳房。住宅的大门设在西南角倒座房西侧耳房位置上，进门后立有影壁。门上为四层字牌，最下层书刻“司马第”三字。在门前外墙置有上马台，设四步台阶上台基，门洞左右有抱鼓形的夹杆石。

司马第与别的住宅不同的是，在室内进行了装修。在中轴线上的三幢房屋的楼上，把脊檩两旁的叉手和瓜柱旁的合踏以及梁头都做了装饰处理，在正房与倒座房的底层屋顶木梁上加上了装饰性的替木。这些装饰虽不多，却使司马第显得讲究。

除了华丽的装饰，柳氏民居与晋城其他古堡建筑一样，也有很强的防御功能。院子四周房屋的外墙很少开窗，室顶都是外檐高而内檐低，对内四水归一，财不外流；对外形成高墙耸立，森严壁垒，巍然不可侵犯之势。除此之外，还在院落的上空，沿着四周房屋的屋檐架设了一圈铁丝网，上面还系有响铃，若有盗贼侵犯，人落网上便立刻发出铃响以便及时发现。

“盘石常安”宅和“香泛柳下”宅是西文兴村建造较早的两座民居，均建于明代。“盘石常安”宅位于村的北面，“香泛柳下”宅位于村的西南角。两座住宅大小与风格相似，都是外观为长方形规则的四合院，由正房、两厢和倒座房四栋房屋相围合成。正房坐北朝南，中心院落呈长方形，四周房屋面阔都在7米至8米，且正房、厢房与倒座房均带有左右的耳房，所以组合成当地称为“四大八小”的四合院，是山西地区流行的四合院形式。

西文兴村古建筑群具有中国古代宗法制度的特征，保留了明清两代建筑的精华，融合了南北建筑风格，真实地记载了河东百世书香文人家族由明代的“由官而商”到清代的“由商而官”的社会发展史。

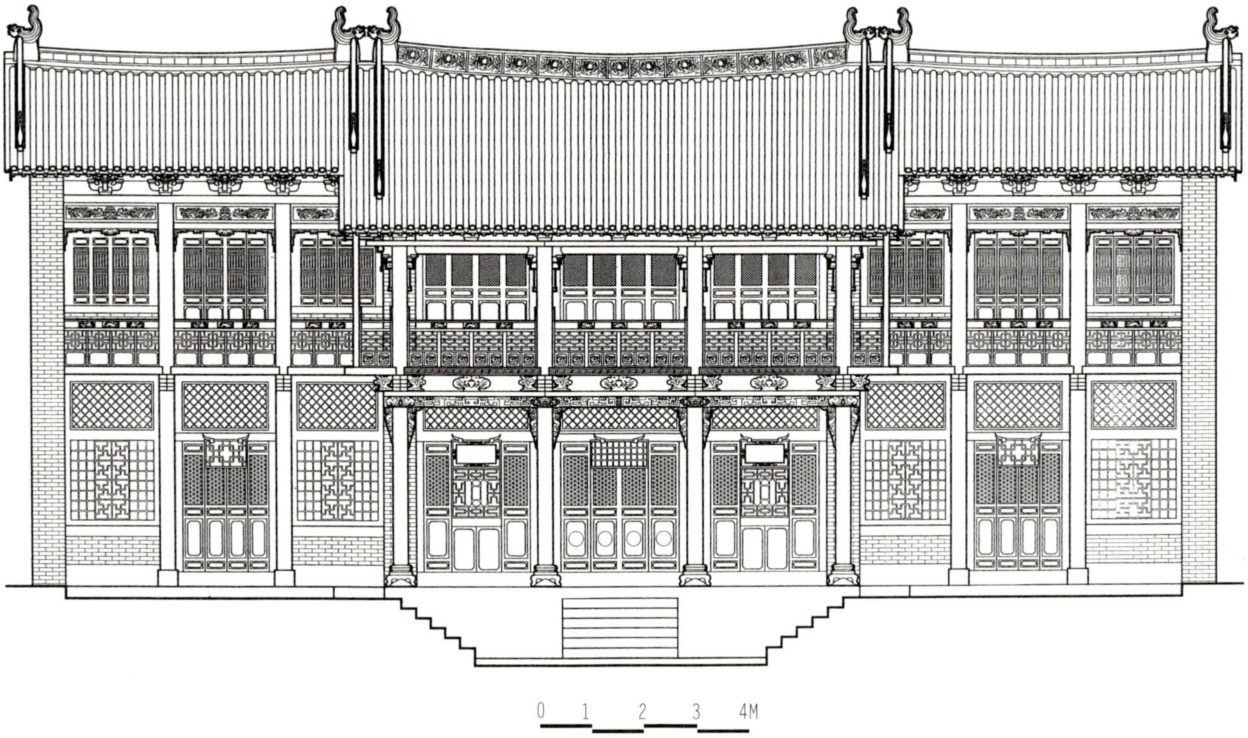

司马第的第一进院正房及耳房立面图

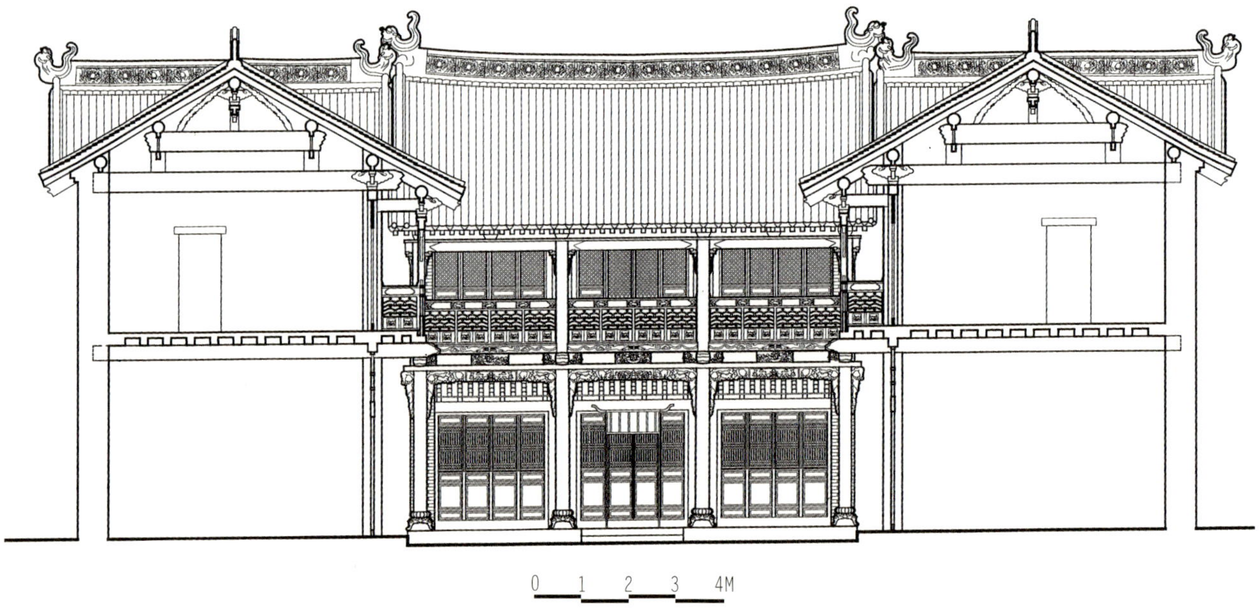

司马第的第一进院倒座房正立面图

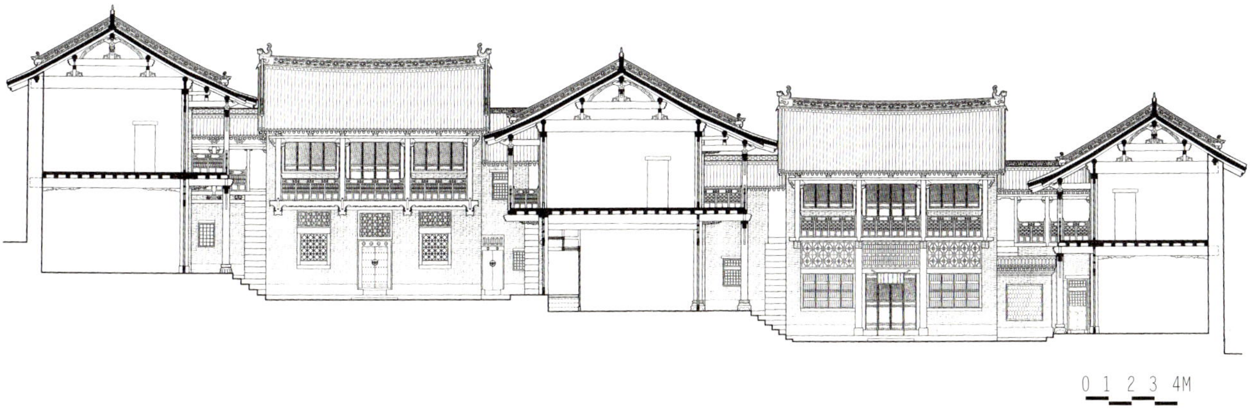

司马第住宅纵剖面图

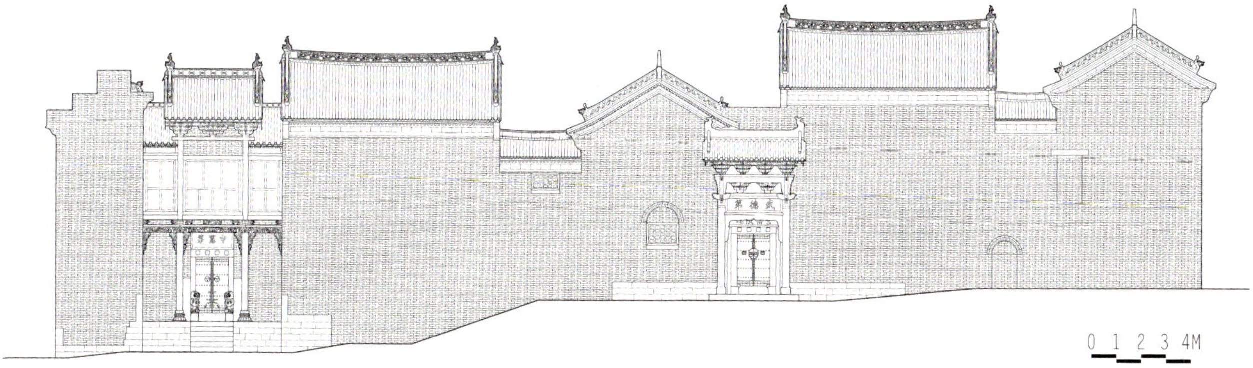

中宪第住宅北侧立面图(街巷立面图)

司马第住宅大门

司马第大门抱鼓石及石狮

司马第内院景观

司马第的第二进院正房

建筑木雕

柱础

关帝庙大门正立面图及剖面图

⊙ 关帝庙大门

⊙ 关帝庙戏台

柳氏民居

氏民居

◎ 牌坊街上的两座牌坊

汤帝庙透视图

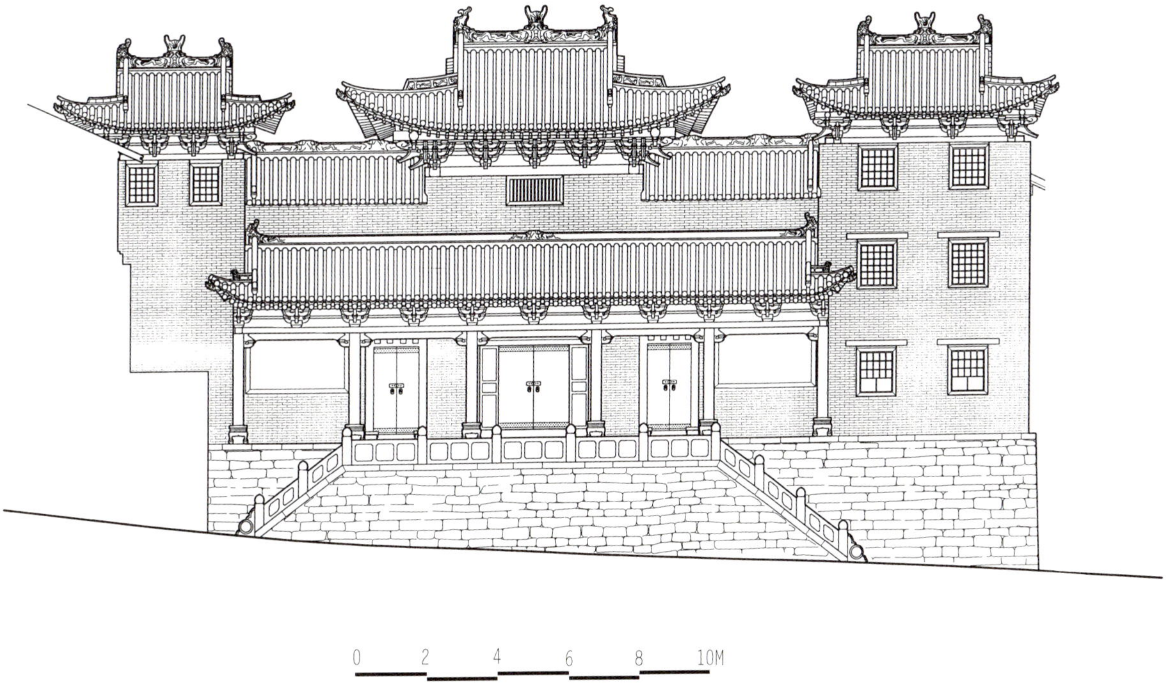

汤帝庙南立面图

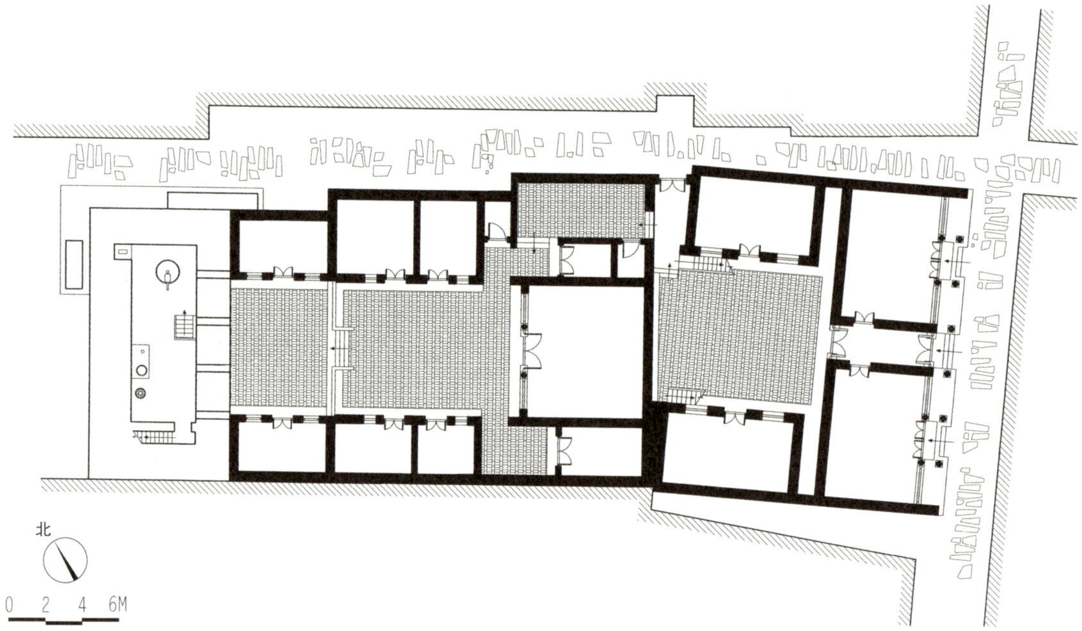

豫楼及前院总平面图

豫楼修复后正立面图

用以防御的豫楼，楼内有水井、灶台，还有可以出逃的地道

⊙ 汤帝庙及豫楼

⊙ 俯瞰村景

⊙ 住宅平顶上面晒谷子

建在城墙上的魁星阁

郭峪村城墙高大，平均高度为 12 米，防御能力很强

永安门

村中巷道

屋檐下的老人

西院住宅正房

住宅院落内景

门神

张云鹏大宅二门

王维时宅大门

住宅院落大门

⊙ 通向汤帝庙的巷子

⊙ 从汤帝庙大殿看戏台

良户村

良户村位于高平市原村乡，属高平西部丘陵沟壑区。良户村三面环山，河水萦绕，北望凤翅山，南对双龙岭，正冲虎头山，西与高平关老马岭相连。寨沟河自凤翅山经村东流入原村河，西沟河自凤翅山经村西流入原村河，原村河经村前流过，东沟河自蟠龙寨之东流出。良户村负阴抱阳、四河汇水，在风水格局上是一处相当理想的乡土聚落。

依据当地人的言传口述，以及早年出土的宋代张崇古墓志铭可知，该村在唐宋时期业已兴盛。唐代中期，郭、田两姓家族在此建村，因此名为“两户村”。从宋代初年开始，陆续又有王、李、秦、赵、张、高、邵、宋、宁、苏、窦等他姓人家迁居此处，人口增加，村落扩大，到元、明时已很具规模，属高平县（今高平市）都善乡蒲泉里，当时曾叫“梁村”。明清实行里甲制，当时又称通义里“梁启”村，这可以从清康熙六年（1667）的《关帝庙创建碑》，以及乾隆年间的《王氏家谱》得以佐证。民国初年废里甲制后，属三区下董峰主村。中华人民共和国成立后和寨上合成良户村。良户村主要街巷有正街、东街、西街、太平街、后街、抱厦底街、圪塔巷等，保存都比较完整，总长度有1000余米。古街道都用砂石铺砌，街道两旁，建筑鳞次栉比，门楼显赫，古匾斑驳。原寨上村由一处保存完整的堡寨聚落组成，主要街道沿堡墙环状分布，颇具特色。

良户村村民以农耕为主，手工业、商业比较发达。村中曾有丝绸布店、杂货店、铁匠铺、当铺、染坊、榨油坊、木匠店等。当地人到现在都保留着加工金银首饰、打铁倒铝锅等手艺，俗称小炉匠。该村煤、铁、木、石资源丰富，建筑用的砖木石灰都可以就地取材。

从聚落形态上来看，良户村形似凤凰。双进士院为其头，东西街为两翼，鸽子院后院是尾。相传在鸽子院后院旁有田家后花园，内有两排白果树围院，乃为凤凰尾翼。从聚落结构上来看，由真武庙与观音堂形成的正街是良户村的中轴线。东街、西街、太平街、后街、抱厦底街五条东西向的主街道，加上南北向的圪塔巷、马家圪洞、南楼圪洞等巷道编织构成了良户村的道路格局骨架。大量完整而集中的民居院落有序地排列在街巷两侧，与街巷一起构成了村落的基本形态，三官阁、白衣阁、古楼阁、观澜阁、六宅阁、屹塔阁、文昌阁、关爷阁等分别成为良户村的主要出入口，是村落防线的重要组成部分。村落院落形制多样，最常见的是三合院，即簸箕院，没有倒座房。也有北方典型的四合院、棋盘院和曲尺院等。良户村原有毛石所砌的村边界围墙，现只存局部。原有的八个阁，现在也只存白衣阁。

在良户村的东北方，有一高地，坐北朝南，东、西、南三面临崖，只有北面和土岗相通，地理位置极为险要，易守难攻。其上有一古寨即蟠龙寨，俗称“寨上”。寨上与良户村隔河相望，后虽河水枯竭，但堡寨依旧雄伟威严。蟠龙寨城墙里包裹着的正是高平著名的侍郎府，以及侍郎府东侧的东宅大院和西侧的西宅大院以及后花园等。

寨上及其内部建筑均由良户田氏家族建造。田家原在良户村西大坡下小寨居住，明代田可久、田可乐、田可耘、田可贤兄弟中举做官后才搬迁至东北处的寨上。由于田家书香门第，世代为官，逐渐在蟠龙寨中修建不少厅房大院。明末山西社会动荡，田氏族人在田驭远的带领下举全族之力，开始经营蟠龙寨寨墙，至清康熙年间修建完成。

良户和寨上主要的庙宇建筑包括玉虚观、大王庙、关帝庙等。玉虚观位于良户村东南方，是良户村保存最好、规模最大的一座古庙，南北长约98米，东西宽约35米，占地约3500平方米，正殿高约10米。玉虚观原建于原村河河边，后由于人工治理河道，原村河偏向南行，玉虚观始进入村落中心区域。据庙内现存元代至元十六年（1279）碑刻来看，玉虚观建于元初，但玉虚观后殿下的须弥座上近年发现明确的题记为“金大定十八年四月十六日记石匠北赵庄赵琼赵进”，因此该建筑台基年代应不晚于金代大定十八年（1178）。由建筑形制来看，玉虚观本应是佛教寺院，尤其是其四方形平面的中殿在晋东南寺院中颇为常见。推测此处金代应是一处佛寺，元初道教兴盛一时，遂于至元十六年改建道观，名为玉虚观。

大王庙，位于良户村东南一高岗上，紧邻原村河，坐南朝北，“地据岗峦，位正离宫，面临大河，诚巍巍巨观也”。该庙为两进院，中轴线上依次分布着戏台、二道门、三道门、后殿，后院保存基本完整。后殿面宽三间，进深四椽，供奉着道教三尊神仙，东西两侧各有角楼、厢房等附属建筑，基本保存完好。大王庙北侧的戏台，具有明显的晋东南戏台特色，梁架为五椽袱对前袱，台基为须弥座。柱础雕刻精美，斗拱用材较小，繁缛华丽。庙内有明清时期的大小碑碣数十块，从中记载可以知道大王庙约创建于明末，清代、民国都有重修。

关帝庙在村东南，左边是白爷宫，右边为汤帝庙，坐北朝南，从现存康熙六年（1667）田逢吉撰碑文记载看，当为明末清初建筑，现存主殿，一进两院。前面有花墙照壁，但在“文革”前被毁。关帝庙位于皇王宫西侧，正殿三间，东西厢房后院存在，前院已塌毁。园内古木参天。现园已用作住宅。

良户村住宅建筑具有晋东南民居建筑的一般特点。首先住宅单元以三合院居多，也有北方典型的四合院、棋盘院和曲尺院等。其次，由于良户地处太行山区，冬季气候寒冷，墙壁和屋顶都比较厚，门窗较小。山墙和后檐墙均采用“外整里碎”的砌法，即墙的外皮采用整砖十字缝的做法，里面采用碎砖压泥。再次，由于晋东南地区夏季降雨量较大，所以良户村住宅的排水系统都较为完善。最后就是住宅建筑装饰较多。

正房是住宅院落中最高的建筑，有的甚至建有三层高，用来瞭望、读书或夏季乘凉用。正房通常为三间或五间，三间正房“一明两暗”，中间往往不做分隔，称为“四梁八柱”。五间正房则当心三间不做分隔，是全家团聚和议事的重要场所，也是家中长辈居住的地方。

良户村民居中的厢房都是两层，但比正房要低，是成年子女居住的地方。厢房都为三开间，二楼均不住人，只用来存放货物，所以多数只在立面正中开一个窗户，用作通风。

蟠龙寨寨门

⊙ 侍郎府大门

⊙ 侍郎府照壁及倒座房

⊙ 侍郎府倒座房

⊙ 侍郎府厢房

住宅大门

住宅大门

住宅倒座房与屏门

马家院大门

良户村中多为三合院民居

垂花门

村中街景

国朝军功院大门

⊙ 国朝军功后院照壁

⊙ 国朝军功院连璧坊

松蓬庙

松蓬庙前的古松

魁星楼背面

魁星楼侧面

玉虚观后殿

李家院正房

序号	名称	地点	文保级别
85	浙水村	晋城市陵川县六泉乡	●
86	侯家庄村	晋城市陵川县平城镇	●
87	黄庄村	晋城市陵川县西河底镇	●●
88	积善村	晋城市陵川县西河底镇	●●●
89	现岭村	晋城市陵川县西河底镇	●●
90	张仰村	晋城市陵川县西河底镇	●
91	平居村	晋城市陵川县杨村镇	●
92	端氏村	晋城市沁水县端氏镇	●
93	坪上村	晋城市沁水县端氏镇	●
94	窦庄村	晋城市沁水县嘉峰镇	●●●●
95	郭北村	晋城市沁水县嘉峰镇	●
96	郭壁村	晋城市沁水县嘉峰镇	●●●
97	郭南村	晋城市沁水县嘉峰镇	●
98	嘉峰村	晋城市沁水县嘉峰镇	●●●
99	尉迟村	晋城市沁水县嘉峰镇	●●●
100	武安村	晋城市沁水县嘉峰镇	●●●
101	交口村	晋城市沁水县土沃乡	●
102	南阳村	晋城市沁水县土沃乡	●
103	塘坪村	晋城市沁水县土沃乡	●
104	西文兴村	晋城市沁水县土沃乡	●●●
105	湘峪村	晋城市沁水县郑村镇	●●●
106	蒲泓村	晋城市沁水县中村镇	●
107	上阁村	晋城市沁水县中村镇	●●●
108	张马村	晋城市沁水县中村镇	●
109	町店镇	晋城市阳城县	●
110	横河镇	晋城市阳城县	●●
111	润城镇	晋城市阳城县	●●
112	洪上村	晋城市阳城县白桑镇	●●
113	通义村	晋城市阳城县白桑镇	●
114	大桥村	晋城市阳城县北留镇	●●
115	郭峪村	晋城市阳城县北留镇	●●●●
116	皇城村	晋城市阳城县北留镇	●●●
117	石苑村	晋城市阳城县北留镇	●
118	史山村	晋城市阳城县北留镇	●
119	尧沟村	晋城市阳城县北留镇	●●●
120	章训村	晋城市阳城县北留镇	●
121	府底村	晋城市阳城县次营镇	●●●
122	固隆村	晋城市阳城县次营镇	●●●
123	泽城村	晋城市阳城县次营镇	●●●
124	西冶村	晋城市阳城县东冶镇	●
125	月院村	晋城市阳城县东冶镇	●
126	南安阳村	晋城市阳城县凤城镇	●●●
127	孤堆底村	晋城市阳城县河北镇	●●
128	匠礼村	晋城市阳城县河北镇	●
129	下交村	晋城市阳城县河北镇	●
130	受益村	晋城市阳城县横河镇	●
131	中寺村	晋城市阳城县横河镇	●
132	北音村	晋城市阳城县润城镇	●
133	润城村	晋城市阳城县润城镇	●
134	上伏村	晋城市阳城县润城镇	●●●
135	上庄村	晋城市阳城县润城镇	●●●
136	屯城村	晋城市阳城县润城镇	●●
137	王村	晋城市阳城县润城镇	●
138	下庄村	晋城市阳城县润城镇	●

序号	名　称	地　点	文保级别
139	中庄村	晋城市阳城县润城镇	●●
140	大阳镇	晋城市泽州县	●●
141	高都镇	晋城市泽州县	●●
142	周村镇	晋城市泽州县	●●
143	渠头村	晋城市泽州县巴公镇	●●●
144	西黄石村	晋城市泽州县北义城镇	●●●
145	董山村	晋城市泽州县川底镇	●
146	东沟村	晋城市泽州县大东沟镇	●●●
147	贺坡村	晋城市泽州县大东沟镇	●
148	黑泉沟村	晋城市泽州县大东沟镇	●
149	贾泉村	晋城市泽州县大东沟镇	●●●
150	西洼村	晋城市泽州县大东沟镇	●
151	辛壁村	晋城市泽州县大东沟镇	●
152	峪南村	晋城市泽州县大东沟镇	●
153	两谷坨村	晋城市泽州县大箕镇	●
154	南沟村	晋城市泽州县大箕镇	●
155	南河底村	晋城市泽州县大箕镇	●
156	南峪村	晋城市泽州县大箕镇	●
157	秋木洼村	晋城市泽州县大箕镇	●
158	东街村	晋城市泽州县大阳镇	●
159	都家山村	晋城市泽州县大阳镇	●
160	金汤寨村	晋城市泽州县大阳镇	●
161	李家庄村	晋城市泽州县大阳镇	●
162	四分街村	晋城市泽州县大阳镇	●
163	西街村	晋城市泽州县大阳镇	●
164	一分街村	晋城市泽州县大阳镇	●
165	岭上村	晋城市泽州县高都镇	●
166	善获村	晋城市泽州县高都镇	●
167	薛庄村	晋城市泽州县高都镇	●
168	水北村	晋城市泽州县金村镇	●●
169	黑石岭村	晋城市泽州县晋庙铺镇	●
170	拦车村	晋城市泽州县晋庙铺镇	●●●
171	天井关村	晋城市泽州县晋庙铺镇	●●●
172	小口村	晋城市泽州县晋庙铺镇	●
173	窑掌村	晋城市泽州县晋庙铺镇	●
174	成庄村	晋城市泽州县犁川镇	●
175	马寨村	晋城市泽州县犁川镇	●
176	西沟村	晋城市泽州县犁川镇	●
177	南庄村	晋城市泽州县柳树口镇	●
178	冶底村	晋城市泽州县南村镇	●●●
179	白背村	晋城市泽州县南岭镇	●
180	陈河村	晋城市泽州县南岭镇	●
181	段河村	晋城市泽州县南岭镇	●●●
182	葛万村	晋城市泽州县南岭镇	●
183	黄砂底村	晋城市泽州县南岭镇	●
184	李沟村	晋城市泽州县南岭镇	●
185	漏道底村	晋城市泽州县南岭镇	●
186	裴凹村	晋城市泽州县南岭镇	●
187	宋泉村	晋城市泽州县南岭镇	●
188	闫庄村	晋城市泽州县南岭镇	●
189	陟椒村	晋城市泽州县南岭镇	●●
190	洞八岭村	晋城市泽州县山河镇	●●●
191	上村村	晋城市泽州县下村镇	●
192	石淙头村	晋城市泽州县周村镇	●●●

序号	名　称	地　点	文保级别
193	杨山村	晋城市泽州县周村镇	●
194	周村村	晋城市泽州县周村镇	●
195	回黄村	晋中市和顺县李阳镇	●
196	洪山村	晋中市介休市洪山镇	●●●
197	刘家山村	晋中市介休市连福镇	●
198	张良村	晋中市介休市连福镇	●
199	南庄村	晋中市介休市龙凤镇	●●●
200	张壁村	晋中市介休市龙凤镇	●●●
201	大靳村	晋中市介休市绵山镇	●●●
202	焦家堡村	晋中市介休市绵山镇	●
203	小靳村	晋中市介休市绵山镇	●
204	兴地村	晋中市介休市绵山镇	●
205	田村	晋中市介休市义棠镇	●
206	板峪村	晋中市介休市张兰镇	●
207	北贾村	晋中市介休市张兰镇	●
208	旧堡村	晋中市介休市张兰镇	●
209	旧新堡村	晋中市介休市张兰镇	●
210	史村	晋中市介休市张兰镇	●
211	下李侯村	晋中市介休市张兰镇	●
212	新堡村	晋中市介休市张兰镇	●
213	张村	晋中市介休市张兰镇	●●
214	静升镇	晋中市灵石县	●●
215	静升村	晋中市灵石县静升镇	●
216	冷泉村	晋中市灵石县两渡镇	●●●
217	董家岭村	晋中市灵石县南关镇	●●●
218	王禹村	晋中市灵石县王禹乡	●
219	夏门村	晋中市灵石县夏门镇	●●●
220	雷家庄村	晋中市灵石县英武乡	●
221	梁家滩村	晋中市平遥县卜宜乡	●●
222	东泉村	晋中市平遥县东泉镇	●●
223	木瓜村	晋中市平遥县东泉镇	●
224	彭坡头村	晋中市平遥县东泉镇	●●
225	西赵村	晋中市平遥县东泉镇	●
226	段村	晋中市平遥县段村镇	●●●
227	横坡村	晋中市平遥县段村镇	●
228	普洞村	晋中市平遥县段村镇	●●
229	梁村	晋中市平遥县岳壁乡	●●●
230	梁坡底村	晋中市平遥县岳壁乡	●
231	西源祠村	晋中市平遥县岳壁乡	●●
232	六河村	晋中市平遥县朱坑乡	●
233	喜村	晋中市平遥县朱坑乡	●●
234	东观镇	晋中市祁县	●
235	修善村	晋中市祁县城赵镇	●
236	乔家堡村	晋中市祁县东观镇	●
237	孙家河村	晋中市祁县古县镇	●
238	王贤村	晋中市祁县古县镇	●
239	谷恋村	晋中市祁县贾令镇	●●●
240	贾令村	晋中市祁县贾令镇	●●
241	沙堡村	晋中市祁县贾令镇	●
242	盘陀村	晋中市祁县来远镇	●
243	唐河底村	晋中市祁县来远镇	●
244	上庄村	晋中市祁县峪口乡	●
245	宗艾镇	晋中市寿阳县	●●
246	龙门河村	晋中市寿阳县平舒乡	●●●

序号	名　称	地　点	文保级别
247	平舒村	晋中市寿阳县平舒乡	●
248	胡家堙村	晋中市寿阳县平头镇	●
249	林家坡村	晋中市寿阳县西洛镇	●
250	南东村	晋中市寿阳县西洛镇	●●●
251	南河村	晋中市寿阳县西洛镇	●●●
252	杏凹村	晋中市寿阳县西洛镇	●
253	纂木村	晋中市寿阳县西洛镇	●●
254	西草庄村	晋中市寿阳县羊头崖乡	●
255	郭王庄村	晋中市寿阳县尹灵芝镇	●
256	尹灵芝村	晋中市寿阳县尹灵芝镇	●●
257	下洲村	晋中市寿阳县宗艾镇	●●●
258	宗艾村	晋中市寿阳县宗艾镇	●
259	周家垴村	晋中市寿阳县宗艾镇荣生村	●
260	尖山村	晋中市寿阳县宗艾镇神武村	●
261	北洸村	晋中市太谷区北洸乡	●●●
262	上安村	晋中市太谷区范村镇	●●●
263	范家庄村	晋中市太谷区侯城乡	●
264	北郭村	晋中市太谷区水秀镇	●
265	白燕村	晋中市太谷区小白乡	●
266	阳邑村	晋中市太谷区阳邑乡	●●
267	大寨镇	晋中市昔阳县	●
268	大寨村	晋中市昔阳县大寨镇	●
269	北岩村	晋中市昔阳县皋落镇	●
270	前车掌村	晋中市昔阳县界都乡	●
271	长岭村	晋中市昔阳县界都乡	●
272	三教河村	晋中市昔阳县孔氏乡	●
273	北掌城村	晋中市昔阳县乐平镇	●
274	李家沟村	晋中市昔阳县乐平镇	●
275	西南沟村	晋中市昔阳县乐平镇	●
276	东寨村	晋中市昔阳县赵壁乡	●
277	楼坪村	晋中市昔阳县赵壁乡	●
278	东阳镇	晋中市榆次区	●
279	车辋村	晋中市榆次区东阳镇	●
280	后沟村	晋中市榆次区东赵乡	●●●
281	小寨村	晋中市榆次区乌金山镇	●●
282	相立村	晋中市榆次区长凝镇	●
283	下赤峪村	晋中市榆社县河峪乡	●
284	桃阳村	晋中市榆社县云簇镇	●
285	麻田镇	晋中市左权县	●
286	师家沟村	临汾市汾西县僧念镇	●●●●
287	下团柏村	临汾市汾西县团柏乡	●
288	东陈村	临汾市浮山县响水河镇	●
289	上寨村	临汾市洪洞县曲亭镇	●
290	韩家庄村	临汾市洪洞县万安镇	●
291	万安村	临汾市洪洞县万安镇	●
292	贾村	临汾市霍州市大张镇	●
293	库拔村	临汾市霍州市三教乡	●
294	退沙村	临汾市霍州市退沙街道	●
295	许村	临汾市霍州市退沙街道	●●●
296	化乐村	临汾市蒲县黑龙关镇	●
297	曲村镇	临汾市曲沃县	●●
298	南林交村	临汾市曲沃县北董乡	●
299	安吉村	临汾市曲沃县乐昌镇	●
300	石滩村	临汾市曲沃县里村镇	●

序号	名 称	地 点	文保级别
301	曲村	临汾市曲沃县曲村镇	●
302	安汾村	临汾市乡宁县关王庙乡	●
303	鼎石村	临汾市乡宁县关王庙乡	●
304	后庄村	临汾市乡宁县关王庙乡	●
305	康家坪村	临汾市乡宁县关王庙乡	●
306	鹿凹峪村	临汾市乡宁县关王庙乡	●
307	前庄村	临汾市乡宁县关王庙乡	●
308	上川村	临汾市乡宁县关王庙乡	●
309	塔尔坡村	临汾市乡宁县关王庙乡	●
310	下川村	临汾市乡宁县关王庙乡	●
311	石鼻村	临汾市乡宁县枣岭乡	●
312	汾城镇	临汾市襄汾县	●●●
313	西中黄村	临汾市襄汾县汾城镇	●
314	京安村	临汾市襄汾县古城镇	●
315	北李村	临汾市襄汾县景毛乡	●
316	陶寺村	临汾市襄汾县陶寺乡	●
317	黄崖村	临汾市襄汾县襄陵镇	●
318	伯玉村	临汾市襄汾县新城镇	●
319	丁村	临汾市襄汾县新城镇	●●●
320	隆化镇	临汾市翼城县	●
321	西阎镇	临汾市翼城县	●●
322	青城村	临汾市翼城县浇底乡	●
323	南撖村	临汾市翼城县隆化镇	●●
324	史伯村	临汾市翼城县隆化镇	●●●
325	下石门村	临汾市翼城县隆化镇	●
326	尧都村	临汾市翼城县隆化镇	●●
327	撖庄村	临汾市翼城县桥上镇	●●
328	城内村	临汾市翼城县唐兴镇	●
329	曹公村	临汾市翼城县西阎镇	●●●
330	古桃园村	临汾市翼城县西阎镇	●●●
331	堡子村	临汾市翼城县西阎镇	●
332	大河村	临汾市翼城县西阎镇	●
333	古十银村	临汾市翼城县西阎镇	●
334	十河村	临汾市翼城县西阎镇	●
335	西闫村	临汾市翼城县西阎镇	●
336	兴石村	临汾市翼城县西阎镇	●
337	张家塔村	吕梁市方山县峪口镇	●●
338	杏花村镇	吕梁市汾阳市	●●
339	东赵村	吕梁市汾阳市三泉镇	●
340	巩村	吕梁市汾阳市三泉镇	●
341	南马庄村	吕梁市汾阳市三泉镇	●
342	任家堡村	吕梁市汾阳市三泉镇	●
343	东堡村	吕梁市汾阳市杏花村镇	●
344	虞城村	吕梁市汾阳市阳城乡	●
345	下张家庄村	吕梁市汾阳市峪道河镇	●
346	磁窑村	吕梁市交城县天宁镇	●
347	段村	吕梁市交城县夏家营镇	●●●
348	韩家沟村	吕梁市交口县回龙乡	●
349	明志沟村	吕梁市交口县回龙乡	●
350	康城村	吕梁市交口县康城镇	●
351	西庄村	吕梁市交口县双池镇	●●●
352	西宋庄村	吕梁市交口县桃红坡镇	●
353	杜家山村	吕梁市离石区交口街道	●
354	街上村	吕梁市离石区吴城镇	●

序号	名　称	地　点	文保级别
355	彩家庄村	吕梁市离石区枣林乡	●●●
356	碛口镇	吕梁市临县	●●●
357	前青塘村	吕梁市临县安业乡	●●●
358	南圪垛村（含沙垣组）	吕梁市临县林家坪镇	●
359	白家山村	吕梁市临县碛口镇	●
360	高家坪村	吕梁市临县碛口镇	●
361	李家山村	吕梁市临县碛口镇	●●●
362	西湾村	吕梁市临县碛口镇	●●
363	尧昌里村	吕梁市临县碛口镇	●
364	垣上村	吕梁市临县碛口镇	●
365	寨则坪村	吕梁市临县碛口镇	●
366	寨则山村	吕梁市临县碛口镇	●●
367	白道峪村	吕梁市临县曲峪镇	●
368	孙家沟村	吕梁市临县三交镇	●●●
369	渠家坡村	吕梁市临县招贤镇	●
370	小塔则村	吕梁市临县招贤镇	●
371	孟门镇	吕梁市柳林县	●
372	高家垣村	吕梁市柳林县陈家湾乡	●●●
373	闫家湾村	吕梁市柳林县陈家湾乡	●
374	王家坡村	吕梁市柳林县成家庄镇	●
375	康家垣村	吕梁市柳林县贾家垣乡冯家垣村	●
376	贺昌村	吕梁市柳林县柳林镇	●
377	于家沟村	吕梁市柳林县柳林镇	●
378	后冯家沟村	吕梁市柳林县孟门镇	●
379	西坡村	吕梁市柳林县孟门镇	●
380	穆村第二村	吕梁市柳林县穆村镇	●
381	三交村	吕梁市柳林县三交镇	●●●
382	下塔村	吕梁市柳林县三交镇	●
383	曹家塔村	吕梁市柳林县王家沟乡	●
384	南洼村	吕梁市柳林县王家沟乡	●●●
385	大庄村	吕梁市柳林县西王家沟乡	●
386	兴隆湾村	吕梁市柳林县西王家沟乡	●
387	军渡村	吕梁市柳林县薛村镇	●
388	君庄村	吕梁市石楼县龙交乡	●
389	留村	吕梁市石楼县义牒镇	●
390	义牒村	吕梁市石楼县义牒镇	●
391	南徐村	吕梁市文水县凤城镇	●
392	前周村	吕梁市文水县凤城镇	●
393	北徐村	吕梁市文水县开栅镇	●
394	刘胡兰村	吕梁市文水县刘胡兰镇	●
395	神堂村	吕梁市文水县马西乡	●
396	北辛店村	吕梁市文水县下曲镇	●
397	上贤村	吕梁市文水县孝义镇	●●
398	宋家庄村	吕梁市孝义市崇文街道	●
399	白壁关村	吕梁市孝义市高阳镇	●
400	高阳村	吕梁市孝义市高阳镇	●
401	临水村	吕梁市孝义市高阳镇	●
402	宋家庄村	吕梁市孝义市高阳镇	●
403	小垣村	吕梁市孝义市高阳镇	●
404	官窑村	吕梁市孝义市下堡镇	●
405	昔颉堡村	吕梁市孝义市下堡镇	●
406	贾家庄村	吕梁市孝义市新义街道	●
407	碧村	吕梁市兴县高家村镇	●
408	刘家圪垛村	吕梁市中阳县武家庄镇	●

序号	名称	地点	文保级别
409	王皓疃村	朔州市怀仁市河头乡	●
410	中街村	朔州市怀仁市云中镇	●
411	七墩村	朔州市平鲁区高石庄乡	●
412	燕庄村	朔州市山阴县北周庄镇	●
413	故驿村	朔州市山阴县马营庄乡	●
414	旧广武村	朔州市山阴县张家庄乡	●●●
415	新安庄村	朔州市朔城区北旺庄街道	●
416	青钟村	朔州市朔城区南榆林乡	●
417	王化庄村	朔州市朔城区南榆林乡	●
418	北楼口村	朔州市应县大临河乡	●
419	小石口村	朔州市应县南河种镇	●
420	右卫镇	朔州市右玉县	●
421	破虎堡村	朔州市右玉县李达窑乡	●
422	晋祠镇	太原市晋源区	●
423	赤桥村	太原市晋源区晋祠镇	●
424	程家峪村	太原市晋源区晋源街道	●
425	店头村	太原市晋源区晋源街道	●●●
426	青龙镇村	太原市阳曲县侯村乡	●●
427	陈家梁村	忻州市保德县东关镇	●
428	阳明堡镇	忻州市代县	●
429	河边镇	忻州市定襄县	●
430	北社东村	忻州市定襄县宏道镇	●
431	西社村	忻州市定襄县宏道镇	●
432	平型关村	忻州市繁峙县横涧乡	●
433	茨沟营村	忻州市繁峙县神堂堡乡	●
434	韩庄村	忻州市繁峙县神堂堡乡	●
435	公主村	忻州市繁峙县杏园乡	●
436	岩头村	忻州市繁峙县岩头乡	●
437	旧县村	忻州市河曲县旧县镇	●
438	罗圈堡村	忻州市河曲县楼子营镇	●
439	五花城堡村	忻州市河曲县巡镇	●
440	龙家庄村	忻州市静乐县赤泥洼乡	●
441	寺沟会村	忻州市岢岚县大涧乡	●
442	北方沟村	忻州市岢岚县宋家沟乡	●
443	王家岔村	忻州市岢岚县王家岔乡	●
444	王化沟村	忻州市宁武县涔山乡	●●●
445	小石门村	忻州市宁武县涔山乡	●
446	西沟村	忻州市宁武县迭台寺乡	●
447	二马营村	忻州市宁武县东寨镇	●
448	老牛湾村	忻州市偏关县老牛湾镇	●
449	万家寨村	忻州市偏关县万家寨镇	●
450	西沟村	忻州市偏关县新关镇	●
451	台怀镇	忻州市五台县	●●
452	槐荫村	忻州市五台县东冶镇	●
453	永安村	忻州市五台县东冶镇	●
454	东会村	忻州市五台县豆村镇	●
455	闫家寨村	忻州市五台县豆村镇	●
456	王东社村	忻州市原平市东社镇	●●
457	南怀化村	忻州市原平市王家庄乡	●
458	大阳村	忻州市原平市中阳乡	●
459	大阳泉村	阳泉市城区义井镇	●●●
460	小河村	阳泉市城区义井镇	●●●
461	官沟村	阳泉市郊区平坦镇	●●
462	大洼村	阳泉市郊区西南舁乡	●

序号	名　称	地　点	文保级别
463	三都村	阳泉市郊区荫营镇	●
464	辛庄村	阳泉市郊区荫营镇	●●●
465	娘子关镇	阳泉市平定县	●●
466	白灰村	阳泉市平定县柏井镇	●
467	柏井四村	阳泉市平定县柏井镇	●
468	柏井一村	阳泉市平定县柏井镇	●
469	大前村	阳泉市平定县岔口乡	●
470	冯家峪村	阳泉市平定县岔口乡	●
471	马山村	阳泉市平定县东回镇	●
472	南峪村	阳泉市平定县东回镇	●
473	七亘村	阳泉市平定县东回镇	●
474	瓦岭村	阳泉市平定县东回镇	●●
475	宋家庄村	阳泉市平定县冠山镇	●●
476	西锁簧村	阳泉市平定县冠山镇	●
477	会里村	阳泉市平定县巨城镇	●
478	南庄村	阳泉市平定县巨城镇	●●
479	上盘石村	阳泉市平定县巨城镇	●●●
480	西岭村	阳泉市平定县巨城镇	●
481	下盘石村	阳泉市平定县巨城镇	●
482	岩会村	阳泉市平定县巨城镇	●
483	移穰村	阳泉市平定县巨城镇	●●
484	河北村	阳泉市平定县娘子关镇	●
485	旧关村	阳泉市平定县娘子关镇	●
486	娘子关村	阳泉市平定县娘子关镇	●
487	上董寨村	阳泉市平定县娘子关镇	●●
488	下董寨村	阳泉市平定县娘子关镇	●●
489	新关村	阳泉市平定县娘子关镇	●
490	大石门村	阳泉市平定县石门口乡	●
491	乱流村	阳泉市平定县石门口乡	●●●
492	西郊村	阳泉市平定县石门口乡	●
493	东锁簧村	阳泉市平定县锁簧镇	●
494	苇池村	阳泉市平定县冶西镇	●●
495	宁艾村	阳泉市平定县张庄镇	●
496	桃叶坡村	阳泉市平定县张庄镇	●●●
497	土岭头村	阳泉市平定县张庄镇	●
498	下马郡头村	阳泉市平定县张庄镇	●
499	张庄村	阳泉市平定县张庄镇	●
500	大汖村	阳泉市盂县梁家寨乡	●●●
501	黄树岩村	阳泉市盂县梁家寨乡	●
502	骆驼道村	阳泉市盂县梁家寨乡	●
503	石家塔村	阳泉市盂县梁家寨乡	●
504	乌玉村	阳泉市盂县孙家庄镇	●●●
505	樊村堡村	运城市河津市樊村镇	●
506	西位村	运城市稷山县翟店镇	●
507	北阳城村	运城市稷山县清河镇	●
508	马跑泉村	运城市稷山县西社镇	●●●
509	北坂村	运城市绛县大交镇续鲁峪村	●
510	柴家坡村	运城市绛县古绛镇	●
511	南城村	运城市绛县古绛镇	●
512	尧寓村	运城市绛县古绛镇	●
513	郭原村	运城市平陆县坡底乡	●
514	侯王村	运城市平陆县张店镇	●
515	荣河镇	运城市万荣县	●
516	闫景村	运城市万荣县高村乡	●●●

序号	名　称	地　点	文保级别
517	陈家庄村	运城市闻喜县郭家庄镇	●
518	泉掌镇	运城市新绛县	●
519	西庄村	运城市新绛县北张镇	●
520	泉掌村	运城市新绛县泉掌镇	●
521	光村	运城市新绛县泽掌镇	●●●
522	解州镇	运城市盐湖区	●
523	西厢村	运城市永济市蒲州镇	●
524	历山镇	运城市垣曲县	●
525	南堡村	运城市垣曲县历山镇	●
526	同善村	运城市垣曲县历山镇	●
527	西阳村	运城市垣曲县蒲掌乡	●
528	树掌镇	长治市壶关县	●
529	西岭底村	长治市壶关县百尺镇	●
530	瓜掌村	长治市壶关县店上镇	●
531	崔家庄村	长治市壶关县东井岭乡	●
532	东七里村	长治市壶关县晋庄镇	●
533	大会村	长治市壶关县树掌镇	●
534	芳岱村	长治市壶关县树掌镇	●
535	河东村	长治市壶关县树掌镇	●
536	神北村	长治市壶关县树掌镇	●
537	树掌村	长治市壶关县树掌镇	●
538	枣镇村	长治市黎城县东阳关镇	●
539	长宁村	长治市黎城县东阳关镇	●
540	孔家峧村	长治市黎城县洪井镇	●
541	霞庄村	长治市黎城县洪井镇	●●●
542	河南村	长治市黎城县上遥镇	●
543	东骆驼村	长治市黎城县西井镇	●
544	仟仵村	长治市黎城县西井镇	●
545	新庄村	长治市黎城县西井镇	●
546	寨上村	长治市潞城区翟店街道	●
547	土脚村	长治市潞城区黄牛蹄乡	●
548	辛安村	长治市潞城区黄牛蹄乡	●
549	中村	长治市潞州区西白兔镇	●
550	安乐村	长治市平顺县北耽车乡	●
551	实会村	长治市平顺县北耽车乡	●
552	西社村	长治市平顺县北社乡	●
553	神龙湾村	长治市平顺县东寺头乡	●
554	虹霓村	长治市平顺县虹梯关乡	●●●
555	龙柏庵村	长治市平顺县虹梯关乡	●
556	白杨坡村	长治市平顺县石城镇	●
557	东庄村	长治市平顺县石城镇	●●●
558	豆口村	长治市平顺县石城镇	●
559	豆峪村	长治市平顺县石城镇	●
560	恭水村	长治市平顺县石城镇	●
561	黄花村	长治市平顺县石城镇	●●
562	老申峧村	长治市平顺县石城镇	●
563	流吉村	长治市平顺县石城镇	●
564	蟒岩村	长治市平顺县石城镇	●
565	牛岭村	长治市平顺县石城镇	●
566	青草凹村	长治市平顺县石城镇	●
567	上马村	长治市平顺县石城镇	●●
568	苇水村	长治市平顺县石城镇	●
569	窑上村	长治市平顺县石城镇	●
570	岳家寨村	长治市平顺县石城镇	●●●

序号	名　称	地　点	文保级别
571	遮峪村	长治市平顺县石城镇	●
572	奥治村	长治市平顺县阳高乡	●●
573	车当村	长治市平顺县阳高乡	●
574	侯壁村	长治市平顺县阳高乡	●
575	椰树园村	长治市平顺县阳高乡	●
576	南庄村	长治市平顺县阳高乡	●
577	唐村	长治市沁县南里镇	●
578	下兴居村	长治市沁源县灵空山镇	●
579	大栅村	长治市沁源县王和镇	●
580	古寨村	长治市沁源县王和镇	●●●
581	荫城镇	长治市上党区	●
582	八义村	长治市上党区八义镇	●
583	张家沟村	长治市上党区八义镇	●
584	南宋村	长治市上党区南宋镇	●
585	太义掌村	长治市上党区南宋镇	●
586	赵村	长治市上党区南宋镇	●
587	西岭村	长治市上党区苏店镇	●
588	东火村	长治市上党区西火镇	●
589	平家庄村	长治市上党区西火镇	●
590	西队村	长治市上党区西火镇	●
591	琚寨村	长治市上党区荫城镇	●●
592	桑梓二村	长治市上党区荫城镇	●
593	桑梓一村	长治市上党区荫城镇	●
594	荫城村	长治市上党区荫城镇	●
595	王家峪村	长治市武乡县韩北镇	●●
596	砖壁村	长治市武乡县蟠龙镇	●
597	泉之头村	长治市武乡县石盘农业开发区	●
598	南张店村	长治市长子县慈林镇	●

注：

● 中国传统村落

● 中国历史文化名村（镇）

● 山西省历史文化名村（镇）

● 全国重点文物保护单位（此表只罗列建筑群类）